Farbkasten
Deutsch
2 plus

Situationen · Informationen

Mayumi ITAYAMA / Ursula SHIOJI
Yuko MOTOKAWA / Takako YOSHIMITSU

✚ mit Arbeitsblatt

はじめに

　本書は Farbkasten Deutsch 1 plus「自己表現のためのドイツ語1〈プラス〉」の続編にあたり，ストーリー性のある内容，及びコミュニケーション能力の養成というコンセプトはそのままに，より多彩で高度な表現を盛り込みました。各課の構成は次のようになっています。

Titelseite（扉）
　各課のシチュエーションの導入部分です。本編や練習問題に出てくる語彙や表現，本編に関連する情報が盛り込まれています。

Teil 1（第1部）
　Dialog とそこに登場する表現に基づく練習問題で構成されています。ここで学ぶ項目は Teil 2（第2部）の基礎となります。

Teil 2（第2部）
　ここでは読むことに重点を置いています。Lesetext とそれに付随する読解問題および文法事項を扱った練習問題で構成されています。

Bausteine（語彙と文法のまとめ）
　本編に登場した主な語彙の一覧と，文法項目を体系的にまとめてあります。語彙は品詞別に分類してあります。

Arbeitsblatt（ワークシート）
　別冊のワークシートは授業で学んだことの理解度を確認するために活用してください。

音声（ダウンロード＆ストリーミング）
　🎧 マークの箇所（各課の Dialog, Lesetext, Hörübungen―聴き取り練習など）が音声教材として録音されています。発音練習や聴き取り力の向上のために活用してください。

　文法事項は，必要に応じて，随時 Merkzettel（メモ）という形で提示しました。Farbkasten Deutsch 1 ですでに扱ったものは，□□□□色で „Noch einmal!"，新出のものは□□□□色で „Neu!" と記してあります。

　Farbkasten Deutsch 1 plus 同様，「体験学習」と「自己表現」が本書のキーワードです。Dialog や Lesetext を通してドイツでの生活を体験すると同時に，自分のことや自分の意見をドイツ語で大いに表現してください。Viel Spaß dabei!

2020 年　春
著　者

INHALT

それぞれの人物に関する情報が本文で見つかったら書き込んでください。

Name : **Oliver Berger**　　　Alter : 24
Herkunft : Köln
Studienfach : ....
Berufstraum : Eine Stelle bei ....

Name : **Nadine Müller**　　　Alter : 26
Beruf : Flugbegleiterin
Wohnort : ....
Nach der Geburt ihres Babys arbeitet sie in ....

Name : **Jonas**
Geburtsdatum : ....
Vater : ....
Mutter : ....

Name : **Anna Schmidt**　　　Alter : 27
Herkunft : Berlin
Sie wohnt in der WG. Sie arbeitet ab Oktober
in .... und zieht aus.

Name : **Seiko Ogawa**　　　Alter : 21
Wohnort : Kobe
Sie freut sich, dass sie in den Semesterferien
.... besuchen kann.

Name : **Lena Langhans**　　　Alter : 23
Herkunft : Graz
Studienfach : Pädagogik
Sie wohnt in der WG und kauft .... gut ein.
Sie interessiert sich nicht für ....

Name : **Philipp Lehmann**　　　Alter : 25
Herkunft : Königstein im Taunus
Er wohnt in der WG. Er vergisst manchmal, den Abfall richtig zu

....

Er interessiert sich für ....

Name : **Mischa** ♂　　　Alter: 4
Interessen: Katzendamen, Fisch

Die deutschsprachigen Länder

	Deutschland	Österreich	Schweiz	Liechtenstein
首都	Berlin ベルリン	Wien ウィーン	Bern ベルン	Vaduz ファドゥーツ
面積	35万7000km²	8万4000km²	4万1000km²	160km²
人口	8300万人	880万人	840万人	3.7万人
通貨	Euro ユーロ	Euro ユーロ	CHF スイス・フラン	CHF スイス・フラン

Sehenswürdigkeiten in der Innenstadt von Frankfurt

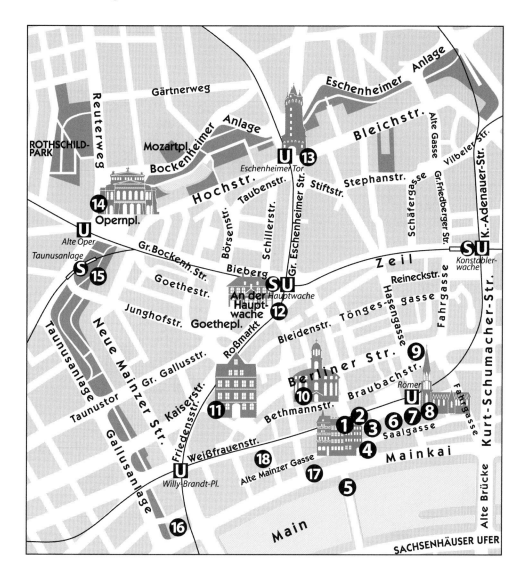

❶ *r* Römerberg

❷ *r* Römer

❸ *e* Alte Nikolaikirche

❹ *r* Saalhof

❺ *r* Eiserne Steg

❻ *e* Schirn Kunsthalle

❼ *r* Archäologische Garten

❽ *r* Dom

❾ *s* Museum für Moderne Kunst

❿ *e* Paulskirche

⓫ *s* Goethehaus

⓬ *e* Hauptwache

⓭ *r* Eschenheimer Turm

⓮ *e* Alte Oper

⓯ *e* Taunusanlage

⓰ *s* Jüdische Museum

⓱ *e* St.-Leonhards-Kirche

⓲ *s* Karmeliterkloster

Im Unterricht

Schlagen Sie bitte die Seite 12 auf!

Ja, bitte?

Ich habe eine Frage.

Wie bitte?
Ich verstehe nicht.

Wie schreibt man das?

Noch einmal bitte.

Wie sagt man „Ohayo!"
auf Deutsch?

„Guten Morgen!"

„Arigato!"

Wie sagt man „Danke!"
auf Japanisch?

Hören Sie bitte.

Sprechen Sie bitte.

Lesen Sie bitte.

Schreiben Sie bitte.

Wohngemeinschaft シェアハウス

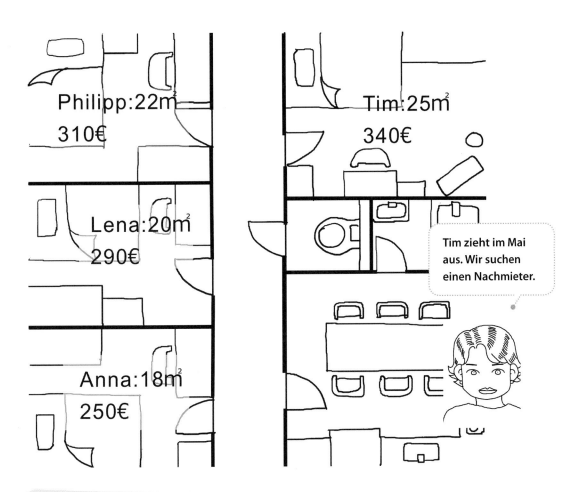

Philipp:22m² 310€

Tim:25m² 340€

Lena:20m² 290€

Anna:18m² 250€

Tim zieht im Mai aus. Wir suchen einen Nachmieter.

 002

Schönes Zimmer in Vierer-Wohngemeinschaft ab 15. Mai frei!

Frankfurt/Main, Königsteiner Straße

Kaltmiete: 340 €   Nebenkosten: 140 €

Größe: 25 m²

Die gemeinsame Küche ist modern und groß: Kühlschrank,

Backofen/Kochfeld, Mikrowelle, Kaffeemaschine.

2 Badezimmer mit WC

 003 **Fragen zur Anzeige**

1) Wie viele Leute wohnen in der WG?

2) Wie heißen sie?

Teil 1 Oliver besucht eine Wohngemeinschaft wegen eines Zimmers. 下宿を探している
オリヴァーは，大学の掲示板にあった貼り紙を見て，部屋を見に来ました。

Oliver

Anna

Hallo, ich heiße Oliver.
Ich bin wegen des Zimmers hier.

Hallo, ich bin Anna. Komm doch rein!
Was studierst du?

Ich studiere Wirtschaftswissenschaften.
Und du?

Ich bin schon mit dem
Studium fertig.

Und was machst du jetzt?

Ich suche jetzt einen Job.
Das ist allerdings nicht einfach.

(Anna zeigt Oliver die Wohnung.)

Hier wohnen wir zu viert. Tim, Philipp, Lena und ich.
Tim zieht im Mai aus. Deshalb wird ein Zimmer frei.

Wie groß ist das
Zimmer denn?

Es ist 25 m^2* groß. Es ist größer als mein Zimmer.
Und es ist größer als Philipps und Lenas Zimmer.

Toll! Und was kostet es?

340 €.

Warm oder kalt?

Kalt. Die Nebenkosten sind 140 €.

Hm, das ist nicht so billig.

Ja, das Zimmer ist am teuersten hier.
Aber es ist schön. Es ist möbliert: Es
gibt ein Bett, einen Schrank, einen
Schreibtisch, einen Sessel und sogar
einen Fernseher. Komm, ich zeige dir
das Zimmer.

> **Neu!**
> 形容詞の比較級と最上級
> groß — größer — am größten
> teuer — teurer — am teuersten

* Quadratmeter

 Fragen zur Anzeige und zum Dialog

1) Wer sucht ein Zimmer?   2) Wie groß ist das Zimmer?

3) Was kostet das Zimmer?   4) Ist die Miete „warm" oder „kalt"?

5) Was gibt es in der Küche?   6) Was gibt es in dem Zimmer?

Übung 1 Was gibt es im Zimmer? Wie heißen die Möbel auf den Bildern auf Deutsch?
部屋にある家具の名前をドイツ語で書きましょう。

1 der Laptop ....
2 ....
3 ....
4 ....
5 ....

1 der Stuhl ....
2 ....
3 ....
4 ....
5 ....

Übung 2 ① Lesen Sie den Text. 下のテクストを読んでください。

② Stellen Sie Ihr Zimmer vor. テクストにならって，自分の部屋をドイツ語で紹介
してみましょう。 [Arbeitsblatt S.1 + S.2]

006

Ich wohne in Frankfurt. Mein Zimmer ist gemütlich.
Es ist 18 m² groß. Es kostet 390 € warm.
Ich habe ein Bett, einen Schrank, eine Lampe,
einen Schreibtisch und einen Stuhl. Der Stuhl ist
bequem. Aber ich habe keinen Fernseher.

〈あなたの部屋の見取り図〉

....
....
....
....
....
....
....
....

Übung 3 Finden Sie das Gegenteil.　反意語を書いてください。

schön	⟷	hässlich
alt	⟷	.... , modern
groß	⟷	....
....	⟷	unbequem
teuer	⟷	....
....	⟷	unpraktisch

Übung 4 Ergänzen Sie die Tabelle.　表を完成させましょう。

原級	比較級	最上級
klein	kleiner	am kleinsten
	billiger	
gemütlich		
		am praktischsten
bequem		
warm	wärmer	am wärmsten
		am größten
		am kältesten
		am ältesten
teuer	teurer	
gut	besser	am besten

Übung 5 Vergleichen Sie.　3つの物を比較し，与えられた形容詞の比較級と最上級を使って文を完成させてください。

> alt　billig　groß　klein　teuer

1) Der Stuhl A kostet 25 Euro. Der Stuhl B kostet 50 Euro. Der Stuhl C kostet 60 Euro.

➡ Der Stuhl B ist .... als der Stuhl C.

Der Stuhl A ist ....

2) Das Zimmer A hat 18 Quadratmeter. Das Zimmer B hat 15 Quadratmeter. Das Zimmer C hat 12 Quadratmeter.

➡ Das Zimmer B ist .... als das Zimmer C.

Das Zimmer A ist ....

3) Die Lampe A kostet 50 Euro. Die Lampe B kostet 30 Euro. Die Lampe C kostet 15 Euro.

➡ Die Lampe B ist .... als die Lampe C.

Die Lampe A ist ....

4) Das Zimmer A hat 20 Quadratmeter. Das Zimmer B hat 25 Quadratmeter. Das Zimmer C hat 30 Quadratmeter.

➡ Das Zimmer B ist .... als das Zimmer C.

Das Zimmer A ist ....

5) Das Haus A ist 50 Jahre alt. Das Haus B ist 10 Jahre alt. Das Haus C ist 5 Jahre alt.

➡ Das Haus B ist .... als das Haus C.

Das Haus A ist ....

Übung 6   Vergleichen Sie. 比較して作文しましょう。

1)

r Stuhl / 80 Euro   *r* Sessel / 250 Euro   *s* Sofa / 500 Euro

....

....

2)

Lampe A   Lampe B   Lampe C
aus dem Jahr 1900   aus dem Jahr 1950   aus dem Jahr 2000

....

....

Teil 2 Wohnungsangebot 「部屋貸します」

Frankfurt/Main

3-Zimmer-Wohnung   frei ab: 01.04.

Kaltmiete: 1.115 €   Größe: 85m^2 Adresse: Niederrad Poststraße

Nebenkosten: 185 €

Küche, Kühlschrank, Herd, WC, Balkon, Dusche, Gäste-WC,

Parkplatz, SAT TV, Zentralheizung

Weitere Angaben:

Die Wohnung liegt ruhig, aber verkehrsgünstig. Bis zur Bushaltestelle 10 Min.

Peter Meier   E-Mail: petermeier@skyweb.de

☎ 069/902104463   Mobil: 0175/4479809

 Fragen zum Text

1) Wo liegt die Wohnung?

2) Wie viele Zimmer hat die Wohnung?

3) Wie groß ist die Wohnung?

4) Wie hoch ist die Miete?

5) Ist die Miete „kalt" oder „warm"?

6) Was gibt es schon in der Wohnung?

7) Wie liegt die Wohnung?

Übung 7   Beschreiben Sie die Wohnung.   広告にある住居をドイツ語で説明してください。

Frankfurt/Main

2-Zimmer-Wohnung frei ab 01.05.

Kaltmiete: 543 €   Größe: 57m^2

Adresse: Frankfurt-Sachsenhausen

Darmstädter Straße   Nebenkosten: 75 €

Küche, WC, Badewanne, Dusche, Mikrowelle

Weitere Angaben: alt, aber liegt zentral

Maria Schneider   E-Mail: Mariasch@inter.com

Tel.: 069/46809810

Die Wohnung ist in ...

Sie hat zwei Zimmer und ist 57 Quadratmeter groß.

Sie hat eine Küche, eine Toilette ...

Übung 8 Lesen Sie die Anzeige und schreiben Sie auch eine Anzeige.

①広告を読んでください。

②この広告にならって，部屋探しの広告を書いてみましょう。

Frankfurt/Main

Zimmer in WG: ab 01.09.

Stadtteil: Bockenheim

Ich, 25 jährige Physikstudentin aus Paris, suche ein Zimmer in WG.
Ich habe eine Katze und höre gern Musik. Ich koche auch gern.

Yvonne Pertier E-Mail: ypertier@parisweb.com

Übung 9 Hören Sie das Telefonat.　電話の会話を聴いてください。

① Sammeln Sie die Informationen über die Wohnung.　アパートについての情報を集め，下の表に書き入れましょう。

② Wie fragt man?　それぞれの情報を得るためには，ドイツ語でどのように質問すればいいですか？文を完成させましょう。

① Information	② Fragen
in der Agnesstraße	**Wo liegt die Wohnung?**
.... m² groß	Wie ....?
.... Euro	Wie ....?
....	Liegt ....?

> Wir bieten ein Zimmer in netter WG an!
> Wo? In Sossenheim.
> Wie groß? 20m^2.
> Miete? 250 Euro (warm).
> Zentral, aber ruhig!
> Hast du Interesse? Dann ruf mal an!
> Ralf+Ute+Martina: 069/3209874

Guten Tag! Ich rufe wegen des Zimmers an.
Ist das Zimmer noch frei?

Ja, das ist noch frei.

Wie ....?

Das ist .... groß.

Wie ....?

.... Euro, warm.

Wo ....?

In ....

Liegt ....?

Ja, ...

Übung 11 Lesen Sie den Text. テクストを読んでください。

Tim studiert in Frankfurt. Seine Eltern wohnen in Duisburg. Das ist 250 km von Frankfurt entfernt. Deshalb wohnt er nicht bei seinen Eltern. Er wohnt in einer WG (Wohngemeinschaft) mit Anna, Philipp und Lena zusammen. Tim wohnt also in einer Vierer-WG. Die vier Bewohner teilen sich Bad und Küche, aber jeder hat ein eigenes Zimmer. So können sie eine große Wohnung billig mieten. Das Leben in einer WG ist toll: Man kann neue Leute kennenlernen, man ist nicht allein, man kann seine Mitbewohner fragen, wenn man Hilfe braucht.

Übung 12 Lesen Sie die Statistik. 下のグラフを読んでください。

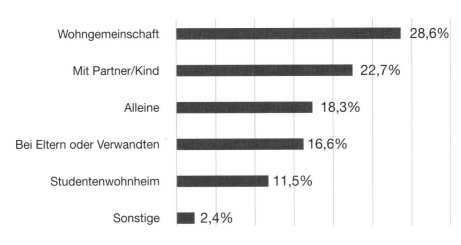

So wohnen Deutschlands Studenten

Wohngemeinschaft	28,6%
Mit Partner/Kind	22,7%
Alleine	18,3%
Bei Eltern oder Verwandten	16,6%
Studentenwohnheim	11,5%
Sonstige	2,4%

Sommersemester 2013   Quelle: DZHW

Richtig oder falsch? グラフに合っている文は richtig に，合っていない文は falsch に印を
つけましょう。

	richtig	falsch
1) Das Wohnen in einer WG ist sehr populär.	☐	☐
2) Mehr Studenten wohnen bei ihren Eltern oder Verwandten als im Studentenwohnheim.	☐	☐
3) Die meisten Studenten wohnen alleine.	☐	☐

Neu!
viel — mehr — am meisten

Übung 13 Sprechen Sie über die Statistik. グラフについてドイツ語で話しましょう。

28,6 (achtundzwanzig Komma sechs) Prozent
wohnen in einer WG.

22,7 Prozent wohnen mit ...

mit et[3] fertig sein 事[3] を終えている

einen Job/eine Stelle suchen 職を探す

aus|ziehen 引っ越す

wird(< werden) ～になる

es gibt et[4] 物[4]（事[4]）がある

liegen 横たわっている，ある

an|rufen 電話をかける　　an|bieten 提供する

---

pl Wirtschaftswissenschaften 経済学

s Zimmer 部屋　　e Miete 家賃

pl Nebenkosten 諸経費

e Heizung 暖房　　e Mikrowelle 電子レンジ

s Kochfeld コンロ，レンジ　　r Backofen オーブン

---

praktisch 実用的な ⟷ unpraktisch

kalt 寒い，暖房費なしで

　　　　⟷ warm 暖心，暖房費込みで

billig 安い ⟷ teuer （値段が）高い

groß 大きい ⟷ klein 小さい

bequem 快適な ⟷ unbequem

modern モダンな

　　　　⟷ unmodern 古くさい，流行遅れの

alt 古い ⟷ neu 新しい

schön きれいな

　　　　⟷ hässlich 不格好な，みにくい

gut よい ⟷ schlecht 悪い

---

wegen des Zimmers 部屋のことで

allerdings もっとも

deshalb そういうわけで　　zu viert 四人で

---

zentral 中心にある　　ruhig 静かな

möbliert 家具つきの

verkehrsgünstig 交通の便がよい

frei 空いている　　einfach 簡単な

nett 感じの良い，親切な　　zu ＋形容詞 あまりにも～

Der Sessel ist bequemer als mein Körbchen. Aber das Bett ist am bequemsten!

比較級と最上級

① 比較級は，原級の語尾に -er をつける。比較の対象となるものは，前置詞 als（英語の *than* に対応）の後に置く。

② am 原級 (e)sten を sein 動詞と一緒に用いると，「最も～である」という意味になる。

③ 一部の形容詞の比較級および最上級は。アクセントが置かれている母音が変音（ウムラウト）する。

原級	比較級	最上級
klein	kleiner	am kleinsten
schön	schöner	am schönsten
alt	älter	am ältesten
groß	größer	am größten

Mein Zimmer ist kleiner als dein Zimmer.　　私の部屋は君の部屋より小さい。

Annas Zimmer ist am kleinsten.　　アナの部屋が最も小さい。

④ 不規則な変化をする形容詞や副詞もあるので注意する。

原級	比較級	最上級
gut	besser	am besten
hoch	höher	am höchsten
viel	mehr	am meisten
gern	lieber	am liebsten

Die Mieten in Osaka sind höher als in Himeji.　　大阪の家賃は姫路（の家賃）よりも高い。

Die Mieten in Tokyo sind am höchsten.　　東京の家賃が最も高い。

Essen 食事

SPEISEKARTE

Kalte Gerichte

| Salat | 5,20 € |
| Käseteller | 11,80 € |

Suppen

| Kartoffelsuppe | 5,50 € |
| Tomatensuppe | 6,80 € |

Pizza

| Margherita | 8,75 € |
| Salami | 9,25 € |

Fleischgerichte

| Bratwurst mit Pommes frites | 10,80 € |
| Wiener Schnitzel mit Bratkartoffeln | 13,80 € |

Dessert

Apfelstrudel mit Vanillesoße	4,50 €
Eis mit Sahne	6,90 €
Kuchen mit Sahne	3,45 €

Heiße Getränke

Kaffee	2,10 €
Cappuccino	3,00 €
Tee	1,90 €
Heiße Schokolade	4,00 €

Alkoholfreie Getränke

Coca-Cola 0,3 ℓ	2,40 €
Mineralwasser 0,25 ℓ	1,70 €
Orangensaft 0,20 ℓ	2,10 €
Apfelsaft 0,25 ℓ	2,00 €

Biere

| Pilsner 0,33 ℓ | 2,00 € |
| Radler 0,50 ℓ | 3,10 € |

Weine

| Weißwein 0,25 ℓ | 4,20 € |
| Rotwein 0,25 ℓ | 4,40 € |

Sprechen Sie in der Klasse.

Was möchten Sie essen? Was möchten Sie trinken?

Essen Sie lieber Salat oder Käse?

Trinken Sie lieber Kaffee oder Tee?

Teil 1 Lena und Oliver sind im Studentenlokal. レーナとオリヴァーは大学近くの食堂に来ています。

Oliver　　　　　　　　　Kellner　　　　　　　　　Lena

Entschuldigung, wir möchten gern bestellen.

Was bekommen Sie?

Ich nehme einen Salat und ein Glas Rotwein.

Und Sie?

Ich hätte gern eine Pizza Margherita, ein Bier und ein Eis.

(Nach dem Essen)

Bezahlen bitte!

Bezahlen Sie zusammen?

Nein, getrennt bitte.

Sie bezahlen den Rotwein und den Salat.
Das macht dann 9,60 Euro*.

11 Euro bitte.

Danke schön und 9 Euro zurück.
Und Sie, die Pizza, das Bier, das Eis ...
17,65 Euro bitte.

Stimmt so.

Vielen Dank! Schönen Tag noch!
Wiedersehen!

Wiedersehen!

Tschüs!

* 9,60Euro は neun Euro sechzig と読む

 Fragen zum Dialog

1) Was isst und trinkt Lena? Wie viel kostet das?

2) Was isst und trinkt Oliver? Wie viel kostet das?

Übung 1   Machen Sie Mini-Dialoge.   例にならって注文の会話をしてください。

Arbeitsblatt S.3

Beispiel:

r Salat / *s* Glas Rotwein

> Was bekommen Sie?

↓

Ich | hätte gern | **einen** Salat und **ein** Glas Rotwein.
     | nehme

1) *e* Tomatensuppe
    r Cappuccino

2) *r* Käseteller
    s Glas Weißwein

> **Noch einmal!**
>
> 注文するとき ➡ 不定冠詞4格
>
> *r* Salat ➡ einen Salat
>
> *e* Pizza ➡ eine Pizza
>
> *s* Bier ➡ ein Bier

3) *e* Bratwurst
    s Bier

4) *s* Eis mit Sahne
    r Kaffee

Übung 2   Ergänzen Sie.   空所に適切な語を入れて，支払いの際の会話を完成させてください。

Gast

Kellnerin

Wir möchten bitte ....

Bezahlen Sie zusammen?

Ja, ... bitte.

Dann bezahlen Sie die Bratwurst mit Pommes, den Apfelsaft, das
Wiener Schnitzel und den Weißwein. Das macht 30,80 Euro.

.... so.

Vielen Dank! Auf Wiedersehen!
Schönen Tag noch!

Wiedersehen!

Übung 3   Hören Sie den Dialog.   レストランでの会話を聴いてください。

Fragen zum Dialog

① Beantworten Sie die Fragen.   会話を聴いて質問に答えてください。

1) Was bestellt die Frau?
2) Was bestellt der Mann?
3) Bezahlen sie zusammen oder getrennt?
4) Wie viel macht das?
5) Wie viel bezahlen sie?

② Hören Sie den Dialog noch einmal. Wer benutzt die folgenden Ausdrücke und wann?
会話をもう一度聴き，次の表現は，誰が，いつ，使っているか聴き取り，該当する欄に印をつけてください。

	wer?		wann?	
	Kellner / Kellnerin	Gast	vor dem Essen	nach dem Essen
Hat es Ihnen geschmeckt?	×			×
Guten Appetit!				
Wir möchten bezahlen.				
Was können Sie uns empfehlen?				
Zusammen oder getrennt?				
Was bekommen Sie?				
Stimmt so.				

Übung 4   Schreiben Sie einen Dialog im Restaurant und spielen Sie. Benutzen Sie die Speisekarte auf der Titelseite.   19 ページのメニューを使って，レストランでの注文と支払いの際の会話を作り，役割練習をしてください。 [Arbeitsblatt S.4]

Ich möchte bestellen.

Was bekommen Sie?

Übung 5 Ordnen Sie die Speisen und Getränke. 料理や飲み物を分類してみましょう。

Apfelsaft Apfelstrudel ~~Bratwurst~~ Cappuccino ~~Cola~~ Eis
heiße Schokolade ~~Kaffee~~ Kartoffelsuppe Kuchen Mineralwasser
Orangensaft Pilsner ~~Pizza Salami~~ Pommes frites Radler Rotwein
~~Salat~~ ~~Tee~~ Tomatensuppe Weißwein Wiener Schnitzel

kalt	warm	pikant
Salat	*Kaffee*	*Pizza Salami*

süß	kalorienreich	kalorienarm
Cola	*Bratwurst*	*Tee*

Übung 6 Vergleichen Sie die Speisen und Getränke. 料理や飲み物を比較して，例にならって作文しましょう。

billig kalorienarm kalorienreich teuer

Beispiel : Eis (6,90 €) / Apfelstrudel (4,50 €) ➡ <u>Eis ist teurer als Apfelstrudel.</u>

1) Tee / Cappuccino

➡ ....

2) Bratwurst / Salat

➡ ....

3) Kartoffelsuppe (5,50 €) / Tomatensuppe (6,80 €)

➡ ....

4) Cola (2,40 €) / Pilsner (2,00 €)

➡ ....

Teil 2 Wie werden Bratkartoffeln zubereitet? Vorentlastung zum Text テクストを読むための準備

① Wie heißt das auf Deutsch? Ordnen Sie! 絵に合う語を選び，書き入れてください。

> *e* Kartoffel *s* Öl *e* Pfanne *r* Pfeffer *s* Salz *r* Speck *e* Zwiebel

1)

2)

3)

4)

....

5)

6)

7)

....

② Wie werden Bratkartoffeln zubereitet? Ordnen Sie! Bratkartoffeln はどうやって調理されるでしょうか？ a)〜g) を並べ替えてください。

a) braten   b) Kartoffeln schneiden   c) Öl in der Pfanne erhitzen   d) Kartoffeln waschen

e) salzen und pfeffern   f) Kartoffeln pellen   g) Kartoffeln in Wasser kochen

.... → .... → .... → .... → .... → .... → ....

Lesetext

Wie werden Bratkartoffeln zubereitet?

In Japan findet man in der Kneipe oder im Bierrestaurant sehr oft das Gericht „German Potato", aber in Deutschland steht „German Potato" gar nicht auf der Speisekarte. „Bratkartoffeln" heißt das in Deutschland, aber Bratkartoffeln werden normalerweise nur als Beilage serviert.

Wie werden Bratkartoffeln denn zubereitet? Die Kartoffeln werden gewaschen, in Wasser ca. 20 Minuten gekocht und dann gepellt. Die Pellkartoffeln werden in dünne Scheiben geschnitten. In einer Pfanne wird dann etwas Öl erhitzt. Die Kartoffeln werden in die Pfanne gegeben und gebraten. Je nach Geschmack kann man auch gebratene Zwiebeln oder Speck dazugeben. Schließlich werden sie gesalzen und gepfeffert.

 Fragen zum Text

1) Wie heißt „German Potato" in Deutschland?

2) Was braucht man für Bratkartoffeln?

 Neu!

受動態「〜される」

werden + 過去分詞
Öl **wird** erhitzt.
Kartoffeln **werden** gewaschen.

Übung 7　例にならって，受動態で作文してください。

Beispiel : Bratkartoffeln (als Beilage servieren)

➡ Bratkartoffeln werden als Beilage serviert.

1) Kartoffeln (in Wasser kochen)

➡ ....

2) Kartoffeln (in dünne Scheiben schneiden)

➡ ....

3) Öl (in einer Pfanne erhitzen)

➡ ....

4) Kartoffeln (braten)

➡ ....

Übung 8   Schreiben Sie im Passiv.　例にならって受動態に書き直してください。

Beispiel: Man serviert Bratkartoffeln als Beilage.

➡ <u>Bratkartoffeln werden als Beilage serviert.</u>

1) Man trinkt auf einer Party Bier und Wein.

➡ ....

2) Man isst in Japan zu Neujahr Mochis.

➡ ....

3) In Deutschland trinkt man im Winter Glühwein.

➡ ....

4) Was isst man in Deutschland zum Frühstück?

➡ ....

Übung 9   Antworten Sie.　それぞれの問いに答えてください。

1) Was wird in der Mensa serviert?

2) Was wird in Japan zum Frühstück gegessen?

3) Was wird in Japan abends gekocht?

4) Was wird in Japan auf einer Party getrunken?

Übung 10   Ergänzen Sie die Tabelle.　表を完成させてください。

意味	不定詞	過去分詞
	kochen	
食べる		
		serviert
	trinken	
切る		
		gesalzen
加熱する		
		gewaschen
	zubereiten	

Übung 11 Lesen Sie das Kochrezept und schreiben Sie es im Passiv. レシピを読んで, 受動文で作り方を説明しましょう！

Okonomiyaki (Pfannkuchen nach Kansai-Art)

Zutaten für 4 Portionen

- 300 g Mehl
- 360 ml Dashi (Fischbrühe)
- 4 Eier
- 1 TL Backpulver

- 1/2 Kopf Weißkohl
- 1/2 Bund Lauch
- 200 g Schweinefleisch
- Okonomiyaki- oder Tonkatsu-Soße

- Mayonnaise
- Aonori
- Katsuobushi

Zubereitung

1. Mehl in eine Schüssel sieben, Dashi und Eier dazugeben und zu einem Teig rühren.

2. Weißkohl waschen und in sehr dünne Streifen schneiden.

   Lauch waschen und in dünne Ringe schneiden.

   Schweinefleisch dünn schneiden.

3. Weißkohl und Lauch in Teig geben und mischen.

4. In einer Pfanne Öl erhitzen und Schweinefleisch braten.

   Teig daraufgeben und bei mittlerer Hitze beide Seiten zu einem „Pfannkuchen" braun backen.

5. Pfannkuchen reichlich mit Okonomiyaki-Soße bestreichen.

   Je nach Geschmack Mayonnaise darübergeben und Aonori und Katsuobushi darüberstreuen.

1) Das Mehl wird in eine Schüssel gesiebt, die Dashi und Eier werden dazugegeben und zu einem Teig gerührt.

2) ....

   ....

   ....

3) ....

4) ....

   ....

   ....

5) ....

   ....

   ....

e Speisekarte メニュー　　　　　*pl* Bratkartoffeln じゃがいも炒め（日本ではジャーマンポテト）

e Seite (*pl* -n) 面　　　　　*s* Gericht (*pl* -e) 料理　　*e* Kneipe (*pl* -n) 居酒屋

s Fleisch 肉　　　　　*e* Suppe (*pl* -n) スープ

e Beilage 付け合わせ　　　　　*s* Getränk (*pl* -e) 飲み物

s Salzwasser 塩水　　　　　*e* Kartoffel (*pl* -n) ジャガイモ

e Scheibe (*pl* -n) スライス　　　　　*r* Käseteller チーズの盛り合わせ

e Pfanne (*pl* -n) フライパン　　*e* Wurst ソーセージ　　*s* Öl 油

s Wiener Schnitzel ヴィーナー・シュニッツェル（ウィーン風カツレツ）

s Frühstück 朝食　　　　　*pl* Pommes frites フライドポテト

s Mehl 小麦粉　　　　　*r* Apfelstrudel アプフェル・シュトゥルーデル（アップルパイ）

r Kopf （キャベツやレタスなどを数える単位として）個　　*e* Sahne ホイップクリーム　　*r* Bund 束

e Apfelschorle アプフェル・ショーレ（リンゴジュースの炭酸水割り）　　*s* Backpulver ベーキングパウダー

r/s Radler ラードラー（ビールのレモンソーダ割り）　　*r* Weißkohl キャベツ

---

bestellen 注文する　　　　waschen 洗う

bezahlen 支払いをする　　　　schneiden 切る

bekommen 得る　　　　pellen 皮をむく

nehmen 取る　　　　erhitzen 加熱する

empfehlen 勧める　　　　braten 焼く

stimmen （計算が）合っている　　　　salzen 塩味をつける

stehen 立っている，ある　　　　pfeffern コショウをふる

servieren （飲食物を）出す　　　　sieben ふるいにかける

zu|bereiten 調理する　　　　dazu|geben （そこに）加える

darauf|geben （上に）入れる　　　　darüber|geben （上に）かける

darüber|streuen （上に）ふりかける

kochen 料理する，煮る，沸かす

normalerweise 通常は

als ～として

ca. = circa 約

dünn 薄い

schließlich 最後に

reichlich たっぷりと

bei mittlerer Hitze 中火で

beide 両方の

braun 茶色の

Das hat mir sehr gut geschmeckt!

受動態

　受動態は，助動詞 werden と過去分詞を用いて作る。werden は主語に応じて人称変化させ 2 番目に置き（定形第 2 位），過去分詞は文末に置いて枠構造を作る。

Öl wird* in der Pfanne erhitzt.　　　　油はフライパンで加熱される。
Kartoffeln werden* gewaschen.　　　　じゃがいもは洗われる。

*werden の人称変化は 88 ページを参照

　受動態は，料理の作り方を説明する時や，建物が「（いつ）建てられた」と述べる時のように，「誰が」という主語を特に明らかにする必要がなかったり，特定できない場合によく用いられる。
　能動態で他動詞が使われている場合には，4 格目的語が受動態の主語になる。

能動態：Man erhitzt in der Pfanne Öl.　　　（人は）油をフライパンで熱する。
受動態：Öl wird in der Pfanne erhitzt.　　　油はフライパンで熱せられる。

Einkaufen 買い物

a)

b)

c)

d)

e)

 020 Welcher Text passt zu den jeweiligen Fotos? どのテクストと写真が結びつきますか？

1) Auf dem Wochenmarkt kann man frisches Obst und Gemüse oder Käse und Fleischwaren aus der Gegend kaufen, auch Brot und Kuchen. ....

2) Wie in Japan geht man auch in Deutschland gern in den Supermarkt. Viele Leute machen dann einen großen Einkauf für die ganze Woche. ....

3) Modegeschäfte für Herren- und Damenkleidung sind beliebt, besonders Geschäfte von internationalen Modeketten. ....

4) In Teegeschäften bekommt man verschiedene Sorten Tee, auch grünen Tee. Oft werden auch Teekannen und Teetassen verkauft. ....

5) In Delikatessenläden bekommt man internationale Spezialitäten aus vielen Ländern, auch aus asiatischen Ländern. ....

Teil 1 Oliver und Anna sind in der Kleinmarkthalle im Zentrum von Frankfurt. Sie wollen fürs Abendessen einkaufen. オリヴァーとアナは，フランクフルトの中心街にある屋内市場へ夕食の材料を買いに来ました。

Anna geht zum Gemüsestand.
Oliver geht in die Bäckerei und zum Italiener.
Was kauft Anna? Was kauft Oliver?

> 1 Salat
> 1 rote Paprika
> 1 grüne Paprika
> 1 Pfund Trauben
> 1 Nussbrot
> 1 Flasche Wein (Chianti)

Verkäufer

Guten Tag! Sie wünschen?

Anna

Ich hätte gern einen kleinen Salat.

Bitte sehr. Sonst noch etwas?

Ja, eine rote Paprika und eine grüne Paprika.

Sonst noch etwas?

Ja, haben Sie Trauben?

Ja, wir haben schöne spanische Trauben.

Gut, ein Pfund Trauben und eine Tüte bitte. Das wär's.

Bitte schön. Das macht zusammen 6,70 Euro.

Bitte schön.

Auf Wiedersehen. Schönen Tag noch!

Danke! Wiedersehen!

(In der Bäckerei)

Verkäuferin

Guten Tag. Was darf's sein?

Oliver

Ein großes Nussbrot bitte. Was kostet das?

Das kostet 2,25 Euro. Wiedersehen und schönen Tag noch!

Danke, gleichfalls.

Übung 1 Was sagt der Verkäufer / die Verkäuferin? Was sagt der Kunde / die Kundin?
それぞれのセリフを店員のものと客のものに分類してください。

> Sonst noch etwas?   Das wär's.   Was kostet ...?   Das macht zusammen ...
>
> Ich hätte gern ...   Sie wünschen?   Haben Sie ...?
>
> Was darf's sein?   ... kostet / kosten ... Euro.   Eine Tüte bitte.

Verkäufer / Verkäuferin	Fragen

Übung 2 Lesen Sie Annas und Olivers Einkaufszettel für den Italiener und machen Sie
einen Dialog (Oliver-Verkäuferin beim Italiener).   買い物メモを見て，オリヴァー
とイタリア食料品店の店員との会話を作ってください。

1 Stück Käse

1 Glas Oliven

1 Flasche Wein (Chianti)

Guten Tag! Sie .... ?

Ich hätte gern ....

Sonst noch etwas?

Ja, haben Sie .... ?

Ja, wir haben schöne .... aus Italien.

Gut, dann ein Glas .... bitte.

Sonst .... ?

Ja, eine Flasche ...., bitte.
Das ....

Bitte schön. Das .... 28,80 Euro.

Bitte schön.

.... und schönen Tag noch.

Danke, ...

Gespräche im Supermarkt und auf dem Markt.　スーパーマケットと市場での会話です。

① Sehen Sie sich den Werbeprospekt eines Supermarktes an und fragen Sie nach den Preisen.　スーパーマーケットの広告を見て，商品の値段を尋ねあってください。

Arbeitsblatt S.5

Was kostet ein Glas ....?

.... kostet ....

Was kosten 300 Gramm ....?

.... kosten ....

② Machen Sie Mini-Dialoge.　例にならって市場での会話をしてください。 Arbeitsblatt S.6

Beispiel:

Was hätten Sie gern?

Ich hätte gern
einen kleinen Salat.

r Salat　e Paprika　s Weißbrot e Gurke　pl Äpfel r Blumenkohl　pl Eier	klein　frisch　rot französisch　grün groß

Neu!

Ich hätte gern	einen	großen Salat.
	eine	kleine Pizza.
	ein	großes Eis.
		italienische Oliven.

| **Übung 4** | Antworten Sie. 「青果スタンドで何を買ったの？」という問いに，与えられた語を用いて答えてください。 |

Beispiel:

Was hast du am Gemüsestand gekauft?

e Wassermelone / klein
➡ **Ich habe eine kleine Wassermelone gekauft.**

1) .... (*r* Salat / groß)

2) .... (*pl* Trauben / spanisch)

3) .... (*e* Paprika / rot)

4) .... (*r* Blumenkohl / klein))

5) .... (*pl* Äpfel / grün)

| **Übung 5** | Was essen Philipp und Seiko zum Frühstück? Und was trinken sie dazu? フィリップと聖子は朝食に何を食べ，何を飲みますか。文を完成させましょう。 |

1) Philipp

> essen : *s* Ei / weich   *pl* Brötchen / frisch   *s* Würstchen / klein
> trinken : *r* Kaffee / heiß

Philipp isst *ein weiches Ei* , ... und

....

Dazu trinkt er ....

2) Seiko

> essen : *s* Brot / getoastet   *r* Käse / dänisch*
> trinken : *r* Tee / schwarz   * dänisch デンマーク産の

Seiko isst .... und ein Stück ....

Dazu trinkt sie ....

Teil 2 Oliver sieht im Internet Anzeigen über Flohmärkte. オリヴァーがインターネットで
ノミの市について検索しています。

Aktuelle Flohmarkt- und Trödelmarkt-Termine in Frankfurt

Kinderflohmarkt in Sonnenberg
Samstag, den 30. 04. von 10.00 bis 14.00
Kinderkleidung, Spielzeuge, Autositze, Bücher
mit Kaffee- und Kuchenverkauf

Flohmarkt in Sachsenhausen
Jeden Sonntag von 10.00 bis 18.00,
mit regionaler Küche, Live Musik

Flohmarkt/Wochenmarkt in der Altstadt
Samstag 14.30-19.00, Sonntag 10.00-16.00
Neben Trödel* findet man hier auch Wurst, Käse,
Obst und Gemüse. Verpflegung**: Würste, Hot Dog.

* Trödel がらくた，古物   ** Verpflegung 食事

Übung 6 Über welchen Markt sprechen die beiden? 二人はどの市について話しています
か？ オリヴァーの見ているサイトの中から見つけて，空所を補ってください

Oliver   Anna

> Hast du Samstag schon was* vor?

> Nein, ich habe noch keine Idee. Warum?

> Hast du Lust, auf einen Flohmarkt zu gehen?

> Gute Idee! Hast du schon was* gefunden?

> Ja, hier. In _____ findet jeden
> Samstag und _____ ein Flohmarkt statt.
> Es gibt da _____ .

> Kann man da auch etwas essen?

> Ja, man kann _____ essen.

* was = etwas

Übung 7 Anna und Oliver waren am Samstag auf dem Flohmarkt.　アナとオリヴァーは
土曜日にノミの市に行きました。

① Hören Sie. Was haben Anna und Oliver auf dem Flohmarkt gesehen? Markieren Sie.　ア
ナとオリヴァーは何を見つけましたか？　聴き取って○で囲んでください。

> Mützen　(Kleider)　Bücher　Messer　Gabeln　Löffel　Teller
> Töpfe　Teetassen　Kaffeetassen　Gläser　Möbel
> Puppen　Teddybären　Schuhe　Taschen　Vasen

② Hören Sie noch einmal. Wie waren die Sachen? Markieren Sie.　もう一度会話を聴いて，
それらがどのようであったのかを表す語を○で囲んでください。

> praktisch　toll　schick　schön　neu　alt　billig　teuer　elegant
> antik　gebraucht　hässlich　grün　süß　uralt　unbequem

③ Hören Sie ein drittes Mal.　もう一度会話を聴いて，問いに答えてください。

Was hat Anna gekauft?

Einen _____ _____ .

Und was hat Oliver gekauft?

_____ _____ .

Was kann man auf einem Flohmarkt kaufen? Schauen Sie sich die Zeichnung auf S.35 an und erzählen Sie. ノミの市では何を買えるでしょうか？ 前ページのイラストを見ながら話してください。

Hier ist eine Preisliste vom Flohmarkt. Ergänzen Sie. ノミの市にあった価格表です。例にならって空欄を埋めましょう。

Hier unser Sonderangebot!

Ein süßer Teddybär	4,50 €
	10,00 €
	12,00 €
	8,00 €
	7,80 €
	3,30 €
	9,80 €
	7,50 €
	23,90 €

r Teddybär / süß
pl Kinderkleider / alt
e Uhr / antik
s Bücherregal / antik
r Rucksack / robust*
r Kochtopf / praktisch
pl Schuhe / fest**
e Tasche / elegant
r Schrank / bemalt***

* robust 頑丈な
** fest 丈夫な
*** bemalt 絵付けされた

Neu!

不定冠詞＋形容詞＋名詞（1格）

ein	elegant**er**	Anzug
eine	elegant**e**	Hose
ein	elegant**es**	Kleid
	elegant**e**	Schuhe

Sortieren Sie die Vokabeln zum Thema „Einkaufen". 下の単語を，関連するカテゴリーに分類しましょう。

r Blumenkohl   *s* Weißbrot   *pl* Bücher   *r* Wein   *pl* Tomaten   *e* Paprika
e Milch   *s* Geschirr   *pl* Kartoffeln   *s* Nussbrot   *pl* Schuhe
r Kaffee   *pl* Brötchen   *pl* Kleider   *r* Käsekuchen   *e* Gurke

Getränke	Bäckerei	Gemüsestand	Flohmarkt

Übung 11 Lesen Sie den Text und antworten Sie auf die Fragen. テキストを読んで，下の問いに答えましょう。

Hat ein kleiner Laden wieder eine Chance?

Helmut Stock führt einen kleinen Lebensmittelladen auf dem Land, in Meiendorf. Meiendorf ist ein kleines Dorf in Schleswig-Holstein. Helmut Stock berichtet: „Mehr als 20 000 kleine Lebensmittelhändler haben in den letzten 15 Jahren in Deutschland den Laden zugemacht. Vor allem die älteren Menschen und die Menschen auf dem Land sind deshalb traurig. Denn sie müssen zu den nächsten Supermärkten oft sehr weit fahren. Die jungen Leute sind auch nicht glücklich, weil sie für eine Tüte Brötchen ins Auto steigen müssen. Vor einigen Jahren hat die Landesregierung Schleswig-Holstein ein Programm für die Bewohner auf dem Land gestartet. Die Gemeinde Meiendorf hat auch Geld gegeben und in der Stadtmitte ein Gebäude gekauft. Dort ist ein kleiner Laden entstanden. Ich bin seitdem der Geschäftsführer* dieses Ladens." Eine Kundin sagt: „Ich bin sehr froh, dass dieser Laden hier ist. Heute kaufe ich Brötchen, Äpfel und die Zeitung im Laden. Aber frisches Obst und Gemüse, Käse oder Wurst hole ich auch hier. Außerdem erfahre ich hier zuerst, was im Dorf los ist."

* Geschäftsführer 経営者

 Richtig oder falsch? テクストの内容に合っている文は richtig に，合っていない文は falsch に印をつけてください。

	richtig	falsch
1) Ältere Menschen fahren nicht gern zu den weit entfernten Supermärkten.	☐	☐
2) Junge Leute fahren gern für kleine Einkäufe zu den Supermärkten.	☐	☐
3) Die Landesregierung will großen Supermärkten auf dem Land helfen.	☐	☐
4) Die Kundin ist froh über den kleinen Laden von Helmut.	☐	☐
5) Die Einwohner plaudern* nicht gern in dem kleinen Laden.	☐	☐

* plaudern おしゃべりする

Fragen zum Text

① Was will der Text mitteilen? テクストが意図する，最も重要な内容は以下のうちどれでしょうか？

1) Junge Leute sind traurig über das Verschwinden* der Kleinläden.

2) In immer mehr deutsche Dörfer kehren Tante-Emma-Läden (Kleinläden) zurück**.

3) Ältere Menschen auf dem Land sind gute Kunden für die Supermärkte.

* s Verschwinden 消滅　　** zurück|kehren 戻ってくる

② Wie ist es bei Ihnen? Gibt es ähnliche Entwicklungen? ドイツの小さな町や村で見られる変化は，あなたの周辺でも見られますか？

s Geschäft (*pl* –e) 店

(*s* Modegeschäft / *s* Teegeschäft)

e Herren- und Damenkleidung 紳士婦人服

e Modekette (*pl* –n) ファッションチェーン

r Laden (*pl* ¨) 店

(*r* Kleinladen / *r* Delikatessenladen)

r Markt (*pl* ¨e) 市場

(*r* Wochenmarkt / *r* Flohmarkt)

r Gemüsestand (*pl* ¨e) 野菜売りのスタンド

e Bäckerei (*pl* –en) パン屋

r Italiener イタリア人 →ここではイタリア食料品店

---

pl Waren 商品 (*pl* Fleischwaren)

e Spezialität 特産品　　*pl* Trauben ぶどう

pl Lebensmittel 食料品　　*pl* Birnen 洋なし

s Obst 果物　　 s Gemüse 野菜

e Paprika ピーマン　r Salat レタス，サラダ菜

e Gurke きゅうり　r Blumenkohl カリフラワー

pl Oliven オリーブ　 s Nussbrot ナッツ入りパン

s Weißbrot 白パン　　 r Schinken ハム

e Wurst ソーセージ

r Käse チーズ (*r* Käsekuchen)

s Fleisch 肉　　 r Fisch 魚

r Apfelwein リンゴ酒

---

1 Kilo 1キロ　　 1 Pfund 500グラム

100 Gramm 100グラム　　 e Dose 缶

s Glas （ジャムなどの）ビン　　 s Stück （切り分けた）一切れ

e Packung パック　　 e Flasche （飲み物などの）ビン

---

international 国際的な

beliebt 好まれる，人気がある

asiatisch アジアの　　 regional 地元の

schwarz 黒い　　 weiß 白い

weich 柔らかい　　 frisch 新鮮な

praktisch 便利な　　 interessant おもしろい

elegant エレガントな

bequem （座り）心地がよい　　 antik 古風な

schick シックな　　 süß かわいい

gebraucht 中古の　　 uralt きわめて古い

Sie wünschen? 何になさいますか？

Ich hätte gern ... 〜をください

Sonst noch etwas? 他に何かいりますか？

Das wär's. 以上です。

Danke, gleichfalls. ありがとう，あなたも（同様に）。

---

r Einkaufszettel 買い物メモ

ein|kaufen 買い物をする

r Kunde / e Kundin 客，顧客

r Einkauf (*pl* ¨e) 買い物

kaufen 買う⟷ verkaufen 売る

r Verkäufer / e Verkäuferin 店員

Ich hätte gern
einen großen Fisch!

形容詞の使い方（1）：不定冠詞＋形容詞＋名詞

	r Salat	*e* Paprika	*s* Ei	*pl* Tomaten
1格	ein　 frisch**er** Salat	eine frisch**e** Paprika	ein　 frisch**es** Ei	frisch**e**　 Tomaten
2格	eines frisch**en** Salates	einer frisch**en** Paprika	eines frisch**en** Ei(e)s	frisch**er** Tomaten
3格	einem frisch**en** Salat	einer frisch**en** Paprika	einem frisch**en** Ei	frisch**en** Tomaten
4格	einen frisch**en** Salat	eine frisch**e** Paprika	ein　 frisch**es** Ei	frisch**e**　 Tomaten

Zusammenleben WG での共同生活

To-do-Liste der Woche

Wer?	Was?
Philipp	einkaufen
Anna	Küche putzen
Oliver	Bad + Toilette putzen
Lena	Flur + Wohnzimmer staubsaugen

Ergänzen Sie. 空欄を埋めましょう。

Diese Woche muss Oliver das Bad und die Toilette _____ .

Anna muss die Küche _____ . Philipp muss _____ .

Und Lena muss das Wohnzimmer und den Flur _____ .

In der Wohngemeinschaft hat jeder eine Aufgabe, aber alle haben ihre Stärken und Schwächen. Lena ist eine große Umweltfreundin und sie kann sehr umweltbewusst einkaufen, aber Philipp nicht. Er vergisst manchmal auch, den Abfall richtig zu sortieren. Darüber ärgert sich Lena.

Haben Sie auch in der Familie irgendeine Aufgabe oder sogar mehrere Aufgaben? Was müssen Sie machen? Machen Sie das gern oder nicht gern? あなたが家庭でしなければならないことはありますか？ その仕事は好きですか？

☐ das Frühstück machen   ☐ den Müll hinaustragen

☐ die Wäsche waschen   ☐ das Auto waschen

☐ das Wohnzimmer staubsaugen   ☐ das Bad putzen

☐ das Abendessen kochen   ☐ das Geschirr abwaschen

☐ einkaufen gehen   ☐ die Blumen gießen

Fragen zum Text

1) Was kann Lena gut machen?

2) Was kann Philipp nicht gut machen?

3) Was vergisst Philipp manchmal?

Teil 1 Samstagnachmittag an der Wohnungstür. 土曜日の午後，フィリップは買い物 に出かけます。

Philipp   Lena

> Was muss ich noch holen?

> Warte mal ..., Kaffee und Tee haben wir genug. Ach, das Spülmittel ist bald alle. Hol bitte auch Waschpulver, aber nicht vom Supermarkt, sondern, du weißt schon, vom Bioladen „Regenbogen".

> Alles klar. Ich gehe zuerst in den Supermarkt und bringe die leeren Flaschen zurück. Dann gehe ich in den Bioladen.

> Übrigens, wenn du abwäschst, putz bitte danach auch die Spüle!
> Und du darfst keine Alufolie in den Abfalleimer werfen und ...

> Tut mir leid, Lena. Ich werde in Zukunft aufpassen. Aber ich fahre jetzt besser los. Soll ich noch frische Brötchen holen?

> O ja, natürlich!

r Bioladen

自然食品の店。無農薬の野菜や果物，添加物の入っていない食料品の他に，衣料品，化粧品，石鹸 や洗剤など，健康と環境に配慮した商品全般を扱っていることが多い。

Übung 1 Wohin muss Philipp gehen und was muss er da machen?　フィリップはどこへ行き，そこで何をしなければなりませんか？

① Was muss Philipp machen?　40 ページの会話を読み，フィリップがそれぞれの場所でしなければならないことを書き込んでください。

eine Flasche Milch

r Supermarkt	die leeren Flaschen zurückbringen
r Bioladen	
e Bäckerei	

s Spülmittel
s Waschpulver

eine Kiste Bier

pl Brötchen

leere Flaschen

eine Packung
Katzenfutter

② Ergänzen Sie.　下線部に適切な語を入れ，フィリップがすべきことを文にしてください。

1) Er muss in ……………… …………………… gehen und …………………… …………………… zurückbringen.

2) Er muss in ……………… …………………… gehen und ……………………………… und
……………… …………………………… kaufen.

3) Er muss in ……………… …………………… gehen und …………………… für morgen holen.

Übung 2 Hören Sie den Dialog.　会話を聴いてください。

① Welche Warennamen haben Sie gehört?　会話に登場する品物を書き取ってください。

② Was hat Philipp schon gekauft und was muss er noch kaufen?　フィリップはすでに何を買いましたか，さらに買うべき物は何ですか？

Er hat schon …………………………………………………………………… gekauft.

Er muss noch …………………………………………………………………… kaufen.

Übung 3 Äußern Sie Bitten nach dem Beispiel und machen Sie Dialoge. 「～してね」という依頼文を使って，会話を作りましょう。 Arbeitsblatt S.7

Beispiel :

> Ich gehe jetzt. Tschüs!

Waschpulver holen

> Warte mal!* Fährst du in die Stadt?
> Dann hol bitte Waschpulver!

* Warte mal! ちょっと待って

1) Brötchen kaufen

2) die Uhr ins Uhrengeschäft bringen

3) den Müll hinaus|tragen

4) die Batterien ins Elektrogeschäft bringen

不定詞	命令形 (du)
waschen	**Wasch!**
ab|waschen	**Wasch ab!**

Übung 4 Schreiben Sie Imperativsätze in der du-Form und in der Sie-Form. du と Sie に対する命令文を作ってください。 Arbeitsblatt S.8

Beispiel : die Wäsche im Waschkeller waschen

1) den Müll sortieren

2) im Bioladen ein|kaufen

3) die Treppe putzen

4) die Wäsche nicht im Zimmer auf|hängen

5) die Blumen gießen

	du	Sie
Beispiel	Wasch bitte die Wäsche im Waschkeller!	Waschen Sie bitte die Wäsche im Waschkeller!
1		
2		
3		
4		
5		

Übung 5 | Bilden Sie wenn-Sätze und ergänzen Sie die Dialoge.　下の文を使って副文を作り下線部に入れ，会話を完成させましょう。

> Du hast kein Geld.　Das Wetter ist schön.　Du kommst mit.　Du hast Lust.

Noch einmal!

副文の作り方　　　　　副文　　　　　　主文

Du │hast│ Zeit. ⇒ Wenn du Zeit │hast│, gehen wir spazieren!

副文では動詞の定形は文末に置く

1)

Wenn du .... , gehen wir zusammen essen!
Am Hauptplatz* hat ein japanisches Restaurant aufgemacht.

Wenn .... , lade
ich dich ein**.

Lust schon, aber leider
mein Portemonnaie...

Oh, danke! Dann komme ich mit.

* Hauptplatz 中央広場　　** ein|laden 招待する，ご馳走する

2)

Wenn .... , machen wir doch am
Wochenende ein Picknick!

Ja, gern!

Wenn .... , bring bitte auch deine Gitarre mit!
Wir können da zusammen singen.

Übung 6 | Bilden Sie Nebensätze und ergänzen Sie.　与えられた文を副文にして下線部に入れ，文を完成させましょう。

> Du hast Zeit.　Du hast Lust.　Das Wetter ist schön
> Du gehst in den Bioladen.　Du gehst auf den Wochenmarkt.

1) Geh bitte mit dem Hund spazieren, wenn .... !

2) Hol bitte frische Milch, wenn .... !

3) Hol bitte einen Salat und Blumen, wenn .... !

4) Koch bitte das Abendessen, wenn .... !

5) Putz bitte die Küche, ... !

Teil 2 4-Tonnen-System in Frankfurt　フィリップたちが住むフランクフルトでは，ゴミの分別について，下のような内容のパンフレットが配られます。

Das 4-Tonnen-System in Frankfurt ist gut für die Umwelt. Vor jedem Haus sollen 4 Tonnen stehen: Eine gelbe Tonne, eine grüne Tonne, eine braune Tonne und eine graue Tonne.

· Die gelbe Tonne ist für Verpackungen mit dem grünen Punkt.
· Die grüne Tonne ist für Papier und Pappkartons.
· Die braune Tonne ist für die Bioabfälle.
· Die graue Tonne ist für den Restmüll.

Was gehört nicht in die vier Tonnen?

Altglas und Altkleider kann man recyceln. Sperrmüll und Schadstoffe wie Öl, Farben, Nagellack oder Medikamente gehören auch nicht in die vier Tonnen.

· Werfen Sie bitte Altglas in den Altglascontainer.
· Geben Sie bitte Altkleider in den Altkleidercontainer.
· Wenn Sie Sperrmüll haben, rufen Sie bitte unser Servicezentrum an.
· Bringen Sie bitte alte Medikamente in die Apotheke.

Wenn Sie noch Fragen zur Mülltrennung haben, rufen Sie uns bitte an.

Der grüne Punkt（緑のマーク）

ドイツでは包装廃棄物政令により，企業が自社製品が消費された後の包装材を回収する義務を負います。これら包装材の回収およびリサイクルを目的として，1990年に設立されたDSD社（Duales System Deutschland）は，企業からの委託を受け，ゴミを回収します。企業は製品の包装にgrüner Punktをつける義務を負い，このマークの使用料をDSD社に支払うことで回収と分別にかかるコストを負担します。そしてそのコストは，商品の値段に上乗せされているので，最終的には消費者の負担となります。

Übung 7   Wie muss man den Müll sortieren?   ゴミの分別はどのようにすればよいですか？

① Lesen Sie den Text auf S.44 und sortieren Sie den Müll.   44 ページのテクストを読み，表にゴミを分別して書き入れてください。

Milchpackungen   Plastiktüten   Kaffeefilter   Dosen   Kopien

Eierschalen   Kataloge   Glühbirnen   Weinflaschen   Bananenschalen

Teebeutel   Haare   Zeitungen   kaputte Teller   Apfelschalen

Zeitschriften   Joghurtbecher   Altkleider   Bierflaschen

GELB	
GRÜN	
BRAUN	
GRAU	
ALTKLEIDER	
ALTGLAS	

② Machen Sie Mini-Dialoge.   例にならい会話をしてください。

Beispiel :

Wohin kommen Joghurtbecher ?   In die   gelbe   Tonne.

Wohin kommen Apfelschalen?

In die ....

Wohin kommen Altkleider?

In ....

Wohin kommen .... ?

In ....

Neu!

前置詞 + 定冠詞 + 形容詞 + 名詞 (4 格)

in den weißen Altkleidercontainer

in die grüne Tonne

in das große Recyclingzentrum

Übung 8   So helfen Sie der Umwelt!   例にならい「～してください」と環境にやさしい生活をするための標語を作りましょう。

Beispiel : mit dem Fahrrad fahren   ➡ Fahren Sie mit dem Fahrrad!

1) Müll sortieren   ➡ ....

2) öffentliche Verkehrsmittel benutzen ➡ ....

3) Milchpackungen recyceln   ➡ ....

4) Bier in Flaschen kaufen   ➡ ....

5) keine Plastiktüten benutzen   ➡ ....

Übung 9   Lena und Philipp sind im Bioladen. Ergänzen Sie.   Bioladen で買い物をしているフィリップは，レーナに「どれがより健康にいいの？」と質問します。空所に適切な語尾を入れ，レーナの答えを完成させてください。

Was ist gesünder?"

r Zucker
braun / weiß

Der braune Zucker ist gesünder als der weiße.
Also kaufen wir den braunen Zucker.

s Brot
dunkel / weiß

Das dunkl.... Brot ist gesünder als das weiß.....
Also kaufen wir das dunkl.... Brot.

e Milch
frisch / haltbar

Die frisch..... Milch ist gesünder als die haltbar.....
Also kaufen wir die frisch..... Milch.

r Käse
fettarm / fett

Der fettarm..... Käse ist gesünder als der fett.....
Also kaufen wir den fettarm..... Käse.

pl Äpfel
gespritzt / ungespritzt

Die ungespritzt..... Äpfel sind gesünder als die gespritzt.....
Also kaufen wir die ungespritzt..... Äpfel.

定冠詞＋形容詞＋名詞（1 格）

der	rote	Apfel
die	fettarme	Milch
das	dunkle	Mehl
die	grünen	Äpfel

定冠詞＋形容詞＋名詞（4 格）

den	roten	Apfel
die	fettarme	Milch
das	dunkle	Mehl
die	grünen	Äpfel

Übung 10 Lesen Sie die Karte und antworten Sie auf die Fragen.　カードを読み，下の質問に答えてください。

031

EINLADUNG
zur
Geburtstagsparty
Wir wollen
für **Oliver**

eine Party geben. Bitte kommt und feiert mit uns! Natürlich gute Laune nicht vergessen.

Zeit：　am 7. Juli um 16.30 Uhr

Ort：　WG in der Gärtnerstr. 31
　　　　　(3. Stock)

PS：

Zum Essen gibt es Käse, Wurst, Schinken, belegte Brote und Bratkartoffeln.

Bitte bringt etwas zum Trinken mit.
(Mineralwasser, Kaffee und Tee haben wir.)

---

032 **Fragen zum Text**

1) Was für eine Party plant die WG?

....

2) Wann findet die Party statt?

....

3) Um wie viel Uhr beginnt die Party?

....

4) Was gibt es zum Essen?

....

5) Was sollen die Gäste mitbringen?

....

番 外 編 | Planen Sie in Partnerarbeit oder in Gruppen eine Party und schreiben Sie dazu eine Einladungskarte.　ペアもしくはグループでパーティーの計画を立て，招待状を書いてみましょう。 (Arbeitsblatt S.9, 10)

BAUSTEINE

e Umwelt 環境　　r Umweltschutz 環境保護
r Bioladen 自然食品店　　r Abfall ゴミ
pl Bioabfälle 生ゴミ　　r Abfalleimer ゴミバケツ
r Müll ゴミ　　r Sperrmüll 粗大ゴミ
r Restmüll その他のゴミ
r Container （ガラスや古着などのゴミ収集用の）コンテナ
e Tonne （市指定の）大きなゴミ箱　　e Alufolie アルミホイル
pl Batterien 電池　　e Farbe ペンキ　　e Glühbirne 電球
r Nagellack マニキュア　　r Pappkarton 段ボール
pl Zeitungen 新聞紙　　r Schadstoff 有害物質
e Schale （果物などの）皮，（卵の）殻
s Geschirr 食器　　r / pl Teller 皿　　e Spüle 流し台
s Spülmittel 食器洗い用洗剤
s Waschpulver 洗濯用粉末洗剤 r Waschkeller 地下の洗濯室
s Katzenfutter ネコの餌　　s / pl Verkehrsmittel 交通機関

umweltfreundlich 環境にやさしい
ökologisch エコロジー的な
braun 茶色の →精製されていない

weiß 白い / hell 明るい → 精製された
gebraucht 使用済みの
haltbar 長期保存可能な
kaputt 壊れた　　leer 空の
schmutzig 汚れた
öffentlich 公共の，公的な
gespritzt 農薬を使った
　　　⟷ ungespritzt

ab|waschen （食器などを）洗う　　auf|hängen （洋服などを）つるす
benutzen 使う　　gießen 水やりをする　　hinaus|tragen 外に出す
holen 取ってくる，買ってくる　　putzen 掃除する
staubsaugen 掃除機をかける　　recyceln リサイクルする
sortieren / trennen 分ける　　werfen 投げる→捨てる

Wirf leere Katzenfutterdosen in die gelbe Tonne!

命令形：話し相手に対し「〜して」「〜してください」と要求するときに使う。

	du に対して：語幹 (e) ...!	Sie に対して：不定詞 + Sie ...!
不定詞		
規則動詞 putzen	Putz das Fenster!	Putzen Sie das Fenster!
分離動詞 ab|waschen	Wasch die Teller ab!	Waschen Sie die Teller ab!
不規則動詞 werfen	Wirf Altglas in den Altglascontainer!	Werfen Sie Altglas in den Altglascontainer!

形容詞の使い方（2）：定冠詞＋形容詞＋名詞

	r Teller	e Uhr	s Glas	pl Uhren
1格	der alte Teller	die alte Uhr	das alte Glas	die alten Uhren
2格	des alten Tellers	der alten Uhr	des alten Glases	der alten Uhren
3格	dem alten Teller	der alten Uhr	dem alten Glas	den alten Uhren
4格	den alten Teller	die alte Uhr	das alte Glas	die alten Uhren

Partnerschaft und Familie パートナーシップと家族

partnersuche.de

Sie sucht ihn   Er sucht Sie   Sie sucht Sie   Er sucht ihn

Name: Marie   Alter: 24
Haarfarbe: rot   Größe: 1,73 m
Ich bin 24 Jahre alt und komme aus Süddeutschland. Ich interessiere mich sehr
für Sprachen, Theater und Kino. Ich treibe keinen Sport. Dein Alter und dein
Aussehen sind nicht wichtig. Schreib mir mal eine Mail.   [Profil ansehen]

Name: Ron   Alter: 22
Haarfarbe: schwarz   Größe: 1,85 m
Ich suche eine attraktive, lustige Partnerin. Ärgerst du dich über das schlechte
Wetter in Deutschland? Liebst du die Sonne und die Wärme Italiens? Wollen
wir zusammen eine Fahrradtour durch Italien machen? Ich interessiere mich
sehr für Italien und die italienische Kultur*!   [Profil ansehen]

Name: Nicola   Alter: 25
Haarfarbe: braun   Größe: 1,67 m
Ich habe grüne Augen und lange Haare, bin neugierig und zärtlich.
Ich interessiere mich für fremde Länder. Ich möchte mich verlieben ...
Tanzt du gern? Bist du Nichtraucher? Bist du nicht zu dünn? Hast du große
Augen und blonde Haare? Dann schreib mir!   [Profil ansehen]

* e Kultur 文化

	Wer schreibt?	Wie sieht der Schreiber / die Schreiberin aus?	Wofür interessiert er / sie sich?
1		Haarfarbe: .... Größe :	....
2		Haarfarbe: .... Größe :	....
3		Haarfarbe: .... Größe: .... Augen:	

Teil 1 Philipp hat im Internet gesurft und Kontaktanzeigen gefunden. Da kommt Lena ...

フィリップはインターネットでパートナー探しのサイトを見ています。そこにレーナが
入ってきました。

Philipp   Lena

Du Lena, sag mal, wie soll dein Traummann sein?

Mein Traummann? Hör mal zu, Philipp. Mein
Traummann soll nicht so sein wie du: Unordentlich,
unsportlich, unromantisch und vergesslich.

Oh ... Na ja, ich weiß schon, dass ich nicht dein Traummann bin. Ich ärgere
mich nicht, dass ich nicht dein Traummann bin! Hier habe ich im Internet
zwei passende Anzeigen für mich gefunden: Marie und Nicola. Nicola hat
braune Haare und grüne Augen – interessant. Marie hat rote Haare und ist ...
unsportlich! Ich freue mich, dass Marie unsportlich ist!

Eine unsportliche Partnerin passt gut zu dir!

Vielleicht. Und hier ist eine Anzeige für dich: Ron.
Vielleicht interessierst du dich für Ron.

Nein!

Guck doch mal! Ron ist ein romantischer Typ.

Philipp, ich interessiere mich nicht für Partnersuche!

 Fragen zum Dialog [Arbeitsblatt S.11]

1) Ist Philipp Lenas Traummann?

2) Warum passt Marie zu Philipp?

3) Warum passt Ron zu Lena?

4) Sucht Lena einen Partner?

Übung 1　Suchen Sie die passenden Wörter im Kasten und ergänzen Sie.　それぞれの顔の部位に使える形容詞を下から選んで，書き入れてください。 Arbeitsblatt S.11, 12

1) *s* Gesicht

2) *pl* Haare

3) *pl* Augen

4) *e* Nase

5) *r* Mund

braun　klein　grau　rot　rund　grün　blau　schmal
schwarz　oval　weiß　lang　kurz　groß　blond

Übung 2　Finden Sie das Gegenteil.　反意語を見つけてください。

.... ⟷ unordentlich

nett, ... ⟷ unfreundlich

fleißig ⟷ ....

zuverlässig ⟷ ....

......................................, ... ⟷ langweilig

......................................, intelligent ⟷ ....

romantisch ⟷ ....

intelligent　ordentlich　fleißig　zuverlässig　freundlich　faul
romantisch　dumm　interessant　nett　unromantisch
langweilig　unzuverlässig　klug　lustig　unfreundlich　unordentlich

Übung 3　Was sagt Philipp über seine Traumfrau? Hören Sie und ergänzen Sie.　フィリップの理想の女性はどんな人でしょうか？　聴き取ってください。

036

Philipps Traumfrau ist ungefähr .... m groß. Sie hat ...., ...
Haare, ein .... Gesicht, ... Augen, einen .... Mund und eine
.... Nase. Sie ist ...., ... und ....

Übung 4   Wofür interessiert sich Lena?   レーナは何に興味がありますか？　絵を見て答えて
ください。　[Arbeitsblatt S.12]

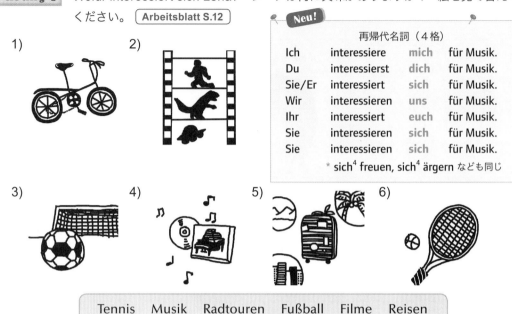

Neu!		再帰代名詞（４格）	
Ich	interessiere	mich	für Musik.
Du	interessierst	dich	für Musik.
Sie/Er	interessiert	sich	für Musik.
Wir	interessieren	uns	für Musik.
Ihr	interessiert	euch	für Musik.
Sie	interessieren	sich	für Musik.
Sie	interessieren	sich	für Musik.

* sich^4 freuen, sich^4 ärgern なども同じ

1)　　2)　　3)　　4)　　5)　　6)

Tennis   Musik   Radtouren   Fußball   Filme   Reisen

Übung 5   Wofür interessieren Sie sich? Wofür interessieren Sie sich nicht?   あなたは何
に興味がありますか？　下から選んで書き入れてください。

Ich interessiere mich für	Ich interessiere mich nicht für ... .

schnelle Autos   klassische Musik   japanische Popmusik   neue Bücher

neue Computerspiele   deutschen Fußball   amerikanischen Baseball

italienische Mode   japanische Filme

Übung 6   Wofür interessieren sich Ihre KlassenkameradInnen?   クラスメートは何に興味
がありますか？　[Arbeitsblatt S.13]

① Machen Sie ein Interview in der Klasse.   クラスでインタビューをしてください。

Wofür interessierst du dich?

Wofür interessierst du dich nicht?

Ich ...

② Und nun berichten Sie.   インタビューの結果を発表しあってください。

Koji interessiert sich für ....

Nanako interessiert sich nicht für ....

Übung 7　Setzen Sie die Reflexivpronomen ein.　下線部に適切な再帰代名詞を入れてください。

1) Lena und Anna interessieren _____ für klassische Musik. Sie gehen heute ins Konzert.

2) Philipp freut _____ über sein neues Smartphone.

3) Ich freue _____ über meinen neuen Job.

4) Warum ärgert ihr _____ ?

5) Interessierst du _____ für Baseball?

Übung 8　Bilden Sie Sätze.　与えられた語を使って文を作ってください。

sich⁴ über et⁴ / j⁴ freuen
sich⁴ für et⁴ / j⁴ interessieren
sich⁴ über et⁴ / j⁴ ärgern

Politik
die vielen Hausaufgaben
das Geburtstagsgeschenk
das tolle Konzert
den langweiligen Film

Beispiel : Ich　*interessiere mich für Politik.*

1) Meine Freundin _____ .

2) _____ du _____ ?

3) Mein Freund _____ .

4) _____ ihr _____ ?

5) Wir _____ .

Neu!

sich ärgern「腹を立てる」や sich freuen「喜ぶ」は，前置詞＋名詞だけでなく，dass で導かれる副文と一緒に用いることもできます。

Philipp ist doof!

Toll! Marie ist unsportlich!

Lena ärgert sich über Philipp.
前置詞＋名詞

Philipp freut sich, dass Marie unsportlich ist.
副文「～ということ」

Teil 2 Lena, Philipp und Oliver sitzen im Wohnzimmer der WG und sprechen über ein Problem. レーナ，フィリップ，オリヴァーの3人が居間で話をしています。

Lena, Philipp und Oliver unterhalten sich. Die WG hat ein Problem: Im Oktober zieht Anna aus, weil sie in Berlin eine Arbeit gefunden hat. Dann wird Annas Zimmer in der WG frei und Lena, Philipp und Oliver müssen einen neuen Mieter oder eine neue Mieterin finden.

„Wir können eine Anzeige ins Internet setzen," sagt Lena. „Das ist nicht nötig," meint Oliver. „Ich habe schon eine neue Mieterin gefunden." „Wer ist es denn?" fragen Lena und Philipp. „Nadine." „Nadine? Deine Freundin? Aber Nadine wohnt doch in Düsseldorf!" ruft Lena. „Also, ich muss euch was sagen: Nadine be... - wir bekommen ein Kind." „Du wirst Vater? Mensch, Oliver!" sagt Philipp erstaunt. „Ja, ich werde Vater. Und wir wollen uns beide um das Kind kümmern." „Das ist aber nicht leicht. Du studierst noch und Nadine ... - will Nadine denn weiterarbeiten?" fragt Lena. „Ja, Nadine muss weiterarbeiten, weil ich noch kein Geld verdiene. Sie hat schon eine Stelle am Frankfurter Flughafen gefunden. Aber sie möchte nur 25 Stunden pro Woche arbeiten, denn sie will sich ja auch um das Kind kümmern. Deshalb kann sie nicht viel verdienen. Wir haben dann nicht so viel Geld und können keine Wohnung mieten, obwohl wir 14 Monate lang Elterngeld bekommen können. Anna zieht doch bald aus. Kann Nadine nicht auch in unsere WG ziehen?" Da sagt Lena: „Ich weiß nicht ... ein Baby in der WG? Ein Baby schreit doch. Das müssen wir uns erst einmal überlegen."

Wer sagt was? 誰が何と言っていますか？ セリフを書き込んでください。 [Arbeitsblatt S.14]

Lena	Oliver	Philip

Richtig oder falsch? テクストを読んで，正しい場合には richtig に，間違っている場合には falsch に印をつけてください。

	richtig	falsch
1) Die WG braucht einen neuen Nachmieter oder eine neue Nachmieterin.	☐	☐
2) Oliver möchte, dass seine Freundin Nadine in die WG einzieht.	☐	☐
3) Nadine und Oliver bekommen ein Kind.	☐	☐
4) Oliver möchte nicht mehr studieren.	☐	☐
5) Nadine hat keine Stelle.	☐	☐

6) Nadine verdient viel Geld. ☐ ☐

7) Oliver und Nadine können keine Wohnung mieten. ☐ ☐

8) Lena bekommt auch ein Baby. ☐ ☐

Übung 9 Machen Sie aus den Sätzen im Kasten einen Text. 54 ページのテキストの内容にあうよう，下の文を並び変えてください。

> Sie wollen zusammenwohnen und sich beide um das Kind kümmern.
>
> Nadine und Oliver bekommen ein Baby.
>
> Sie können keine eigene Wohnung bezahlen.
>
> Sie wollen mit dem Baby in der WG wohnen.

Übung 10 Ergänzen Sie die passenden Modalverben. 下線部に適当な話法の助動詞を入れてください。

Nadine hat eine neue Stelle in Frankfurt gefunden. Sie _____ ihre Arbeit in Düsseldorf aufgeben. Wenn das Baby da ist, _____ sie nur 25 Stunden pro Woche arbeiten. Dann _____ sie nicht viel Geld verdienen.

Oliver _____ weiterstudieren. Deshalb _____ er nicht arbeiten.

> **Noch einmal!**
>
> | | | |
> |---|---|---|
> | Oliver / Nadine möchte ... | Nadine und Oliver möchten ... | ～したいと思う |
> | Oliver / Nadine will ... | Nadine und Oliver wollen ... | ～するつもりだ |
> | Oliver / Nadine kann ... | Nadine und Oliver können ... | ～できる |
> | Oliver / Nadine muss ... | Nadine und Oliver müssen ... | ～しなければならない |

Übung 11 Hören Sie das Gespräch zwischen Lena und Philipp. レーナとフィリップの会話を聴いてください。

039

① Können Nadine und das Baby in die WG ziehen? ナディーンは WG へ引っ越すことができますか？

② Hören Sie das Gespräch noch einmal. Wer sagt das? Lena? Philipp? Lena und Philipp? 下のセリフは誰が言っていますか？ 名前を入れてください。

( ) „Ein Baby schreit."

( ) „Die Wohnung ist groß genug."

( ) „Ein Kind kostet Geld."

( ) „Ich möchte studieren!"

( ) „Oliver ist unser Freund."

Übung 12 Welche Sätze passen zueinander? 合うものを線で結んでください。

Oliver freut sich,

obwohl sie 14 Monate lang Elterngeld bekommen können.

Nadine muss weiterarbeiten,

dass er sich auch um das Baby kümmern möchte.

Nadine und Oliver haben nicht so viel Geld,

dass Nadine ein Baby bekommt.

Oliver sagt,

weil ein Baby viel schreit.

Lena ärgert sich zuerst über Olivers Plan,

weil Oliver noch kein Geld verdient.

番 外 編 Lesen Sie die Informationen und diskutieren Sie auf Japanisch. 下の文章から どのようなことが分かりますか？ クラスで話し合ってみましょう。

- In Deutschland haben 6 % aller Studierenden Kinder.
- 59 % davon sind verheiratet.
- 31 % davon leben mit einem festen Partner oder einer festen Partnerin zusammen.
- 10 % davon sind alleinerziehende Eltern.
- Studierende mit Kind brechen ihr Studium eher ab als kinderlose Studierende.

Quelle: Sozialerhebung des Deutschen Studentenwerks 2016/2017
Statistisches Monatsheft Baden-Württemberg 9/2007

Übung 13 Kind und Studium, das ist ein großes Problem - warum?　子育てと大学での勉強の両立はなかなか大変です。どうしてでしょうか。weil を使って，理由を言ってください。

> **Noch einmal!**
>
> Kind und Studium, das ist ein großes Problem,
> **weil** man sich um das Kind kümmern muss.

Kind und Studium, das ist ein großes Problem,
weil ....

> Man muss sich um das Kind kümmern.　Man braucht viel Geld.
> Man hat nicht viel Zeit zum Studieren.　Man muss fleißig sein.
> Man kann keine teuren Sachen kaufen.

Übung 14 Bilden Sie Nebensätze mit „obwohl“.　２つの文を obwohl を使ってつないでください。

Beispiel : Oliver freut sich über das Baby / Er und Nadine haben nicht viel Geld.

⇒ *Oliver freut sich über das Baby, obwohl er und Nadine nicht viel Geld* haben .

1) Lena sagt, Nadine und das Baby können in der WG wohnen. /
   Ein Baby schreit viel.

   ⇒ ....

2) Nadine möchte weiterarbeiten. / Sie bekommt ein Baby.

   ⇒ ....

3) Oliver will sich um das Baby kümmern. / Er möchte studieren.

   ⇒ ....

4) Oliver und Nadine können keine Wohnung mieten. /
   Sie bekommen Elterngeld.

   ⇒ ....

r Kopf 頭　　s Gesicht 顔　　pl Haare 髪の毛　　s Auge (pl -n) 目

r Mund 口　　e Nase 鼻　　s Bein (pl -e) 脚　　e Figur （体の）スタイル

---

blond ブロンドの　　schwarz 黒い

braun 栗色の　　rot 赤い　　weiß 白い

grau グレーの　　rund 丸い　　oval 卵形の

schmal ほっそりした

kurz 短い ⟷ lang 長い

groß 背の高い ⟷ klein 背の低い

schlank すらりとした ⟷ dick 太っている

ordentlich きちんとした ⟷ unordentlich

nett, freundlich 親切な ⟷ unfreundlich

intelligent, klug 頭のいい ⟷ dumm, doof

zuverlässig 頼りになる ⟷ unzuverlässig

fleißig 勤勉な ⟷ faul なまけものの

langweilig つまらない ⟷ interessant, lustig

romantisch ロマンチックな ⟷ unromantisch

vergesslich 忘れっぽい

---

sich^4 über et^4 / j^4 ärgern

　　　　事^4／人^{4}に怒っている

sich^4 über et^4 / j^4 freuen

　　　　事^4／人^{4}に喜ぶ

sich^4 für et^4 / j^4 interessieren

　　　　事^4（物^4）／人^{4}に興味を持つ

sich^4 um et^4 / j^4 kümmern

　　　　事^4（物^4）／人^{4}の世話をする

sich^4 in j^4 verlieben 人^{4}と恋に落ちる

sich^4 unterhalten 話をする

sich^4 über et^4 überlegen

　　　　事^{4}についてよく考える

---

aus|ziehen よそへ引っ越す

einen neuen Mieter/eine neue Mieterin finden

　　　　　　　新しい借り主を見つける

ein Kind bekommen 子どもができる

Vater werden 父親になる

weiter|arbeiten 働き続ける

Geld verdienen 金をかせぐ

Elterngeld bekommen 子ども手当をもらう

Ich habe mich in sie verliebt, weil sie einen süßen Schwanz, eine tolle Figur, ein rundes Gesicht und lange Beine hat!

不定冠詞＋形容詞＋名詞（4格）

r Mund ⇨ Er hat **einen großen** Mund.

e Nase ⇨ Er hat **eine lange** Nase.

s Gesicht ⇨ Er hat **ein rundes** Gesicht.

pl Augen ⇨ Er hat **große** Augen.

再帰動詞

再帰動詞は再帰代名詞 (sich) とセットで使う。
再帰代名詞は主語よって異なる。

sich^4 für et^4 interessieren

Ich	interessiere	**mich**	für Politik.
Du	interessierst	**dich**	für Politik.
Er	interessiert	**sich**	für Politik.
Wir	interessieren	**uns**	für Politik.
Ihr	interessiert	**euch**	für Politik.
Sie	interessieren	**sich**	für Politik.

ここにも注意！

従属の接続詞 dass（〜ということ），weil（〜なので），obwohl（〜ではあるけれど）を使って副文を作るときには，副文の動詞や助動詞は文末に置く（＝定形後置）。

Oliver freut sich, **dass** Nadine ein Baby bekommt .

Lena ärgert sich, **weil** ein Baby viel schreit .

Nadine und Oliver haben nicht viel Geld,
obwohl sie Elterngeld bekommen .

Interkulturell leben 多文化社会で生きる

Welche Länderbezeichnungen finden Sie im Bild?

- ☐ Ägypten
- ☐ Brasilien
- ☐ China
- ☐ Deutschland
- ☐ Frankreich
- ☐ Griechenland
- ☐ Korea
- ☐ Indien
- ☐ Italien
- ☐ Japan
- ☐ Russland
- ☐ Spanien
- ☐ die Türkei
- ☐ die USA

Information

ドイツに住む外国人の数

2007 年と 2018 年の数字を比較してみましょう。どんなことに気づきますか？

2007		2018	
Bevölkerung:	82,218,000	Bevölkerung:	82,979,100
Ausländer insgesamt:	6,744,879	Ausländer insgesamt:	10,915,455
1. Türkei	1,713,551	1. Türkei	1,476,410
2. Italien	528,318	2. Polen	860,145
3. Polen	384,808	3. Syrien	745,645
4. Serbien / Montenegro	330,608	4. Rumänien	696,275
5. Griechenland	294,891	5. Italien	643,535

Quelle: Statistisches Bundesamt Deutschlands 2007/2018

ドイツには 1960 年代から 70 年代に，多くの外国人が外国人労働者（r Gastarbeiter）としてやってきました。現在でもその人たちや，その子孫の多くがドイツで暮らしています。1980 年代以降，東欧や中東からの移民（r Migrant）や難民（r Flüchtling）が増加し，様々な問題も生じています。しかしドイツでは，それらを乗り越えて共生（s Zusammenleben）するための政策や市民レベルでの活動が行われています。

Teil 1 Oliver wartet auf einen Freund.　オリヴァーは友人を待っています。

Yunus

Oliver

Hallo, Olli!

Hallo. Du bist aber spät.

Tut mir leid, aber ich habe den Bus verpasst, weil er
pünktlich abgefahren ist.
Die Busse in Deutschland sind immer zu pünktlich.

Das glaube ich nicht. Aber na ja, das
macht nichts.
Und wie war's auf dem Ausländeramt?

Oh, schrecklich! Ich musste zwei Stunden warten,
um mein Visum verlängern zu lassen.
Da waren heute einfach zu viele Leute, die auch auf
dem Ausländeramt etwas zu tun hatten.
Trotzdem waren einige Schalter zu.

Da hast du Pech gehabt.
Aber das kann überall passieren. Auch auf der
Post, am Bahnhof, im Supermarkt usw.

Das stimmt. Und vielleicht ist das
nicht nur in Deutschland so.

Ja, vielleicht. Ist ja auch egal. Du
bist hier und wir können jetzt zur
Abschiedsparty von Anna losfahren.

 Fragen zum Dialog (Arbeitsblatt S.15)

1) Warum ist Yunus spät gekommen?

2) Wo war er?

3) Warum war er dort?

4) Wohin gehen Yunus und Oliver jetzt?

Übung 1 Oliver ist auch schon manchmal zu spät gekommen. Er erklärt warum. オリ
ヴァーも時々遅刻をします。その理由は？

① Was passt zusammen? ドイツ語と日本語を結びつけてください。

Ich habe verschlafen. • • 事故があった

Meine Uhr war kaputt. • • 寝坊した

Der Zug ist nicht pünktlich gekommen. • • 時計が壊れていた

Es gab einen Unfall. • • 自転車が壊れていた

Mein Fahrrad war kaputt. • • 列車が遅れてきた

② Was sagt Oliver zur Entschuldigung? 例にならって遅れた理由を述べてください。

Beispiel : Ich habe den Bus verpasst.

➡ **Ich bin zu spät gekommen, weil ich den Bus verpasst habe .**

1) Ich habe verschlafen.

➡ *Ich bin zu spät gekommen, weil* ....

2) Meine Uhr war kaputt.

➡ ....

3) Der Zug ist nicht pünktlich gekommen.

➡ ....

4) Es gab einen Unfall.

➡ ....

5) Mein Fahrrad war kaputt.

➡ ....

Übung 2 Finden Sie Ausreden oder Erklärungen. 下のような場合，どのような言い訳や説
明が考えられますか？ できるだけ多くあげてみましょう。

1) Ich konnte die Hausaufgabe nicht machen, weil ....

2) Ich konnte leider nicht zur Party kommen, weil ....

3) Ich bin ärgerlich, weil ....

Der Computer hat nicht funktioniert.   Ich hatte Kopfschmerzen.

Ich hatte keine Zeit.   Ich hatte zu viele Hausaufgaben.

Ich hatte keine Lust.   Mein Freund ist nicht gekommen.

Die Bedienung im Restaurant war schrecklich.   Ich hatte Bauchschmerzen.

Übung 3 In der WG gibt es heute die Abschiedsparty von Anna. Sie hat viele Leute eingeladen, auch ihre kleine Nichte Sarah. Sarah ist neugierig. 今日は WG で アナの送別会が開かれており，たくさんの友人たちが来ています。アナの姪ザーラも いて，興味津々です。ザーラの質問を完成させてください。

> **Neu!**
>
> 関係代名詞 1 格
>
> Der Mann, **der** da sitzt, ist mein Vater.
> Die Frau, **die** da sitzt, ist meine Mutter.
> Das Kind, **das** da sitzt, ist mein Kind.
> Die Leute, **die** da sitzen, sind meine Freunde.

Sarah

Anna

Wer ist der Mann, ... da
an der Tür steht?

Das ist Yunus aus der Türkei.

Und woher kommt die schwarzhaarige Frau,
.... mit ihm spricht?

Sie ist Japanerin. Sie heißt Tomoko.

Kommt der Mann, ... am
Fenster steht, auch aus Japan?

Nein, er ist aus China.

Woher kommt der Mann, ...
gerade fotografiert?

Er kommt aus Kamerun. Er heißt Jacques.

Und wer ist das Mädchen,
.... da Kuchen isst?

Ach, das ist unsere Nachbarin.

Und wer sind die Leute,
.... da gerade tanzen?

Hm ..., die kenne ich nicht. Vielleicht
Freunde von meinen Freunden.

Übung 4 Jeder hat etwas für die Party mitgebracht. Ergänzen Sie nach dem Beispiel.
アナの送別会に，友人たちは何を持ってきましたか？　例にならって，下線部に関係
代名詞を入れてください。

関係代名詞４格

Der Kaffee, **den** ich gerade trinke, ist sehr stark.

Die Limonade, **die** ich gerade trinke, ist sauer.

Das Bier, **das** ich gerade trinke, ist warm.

Die Bonbons, **die** ich gekauft habe, sind aus Deutschland.

Beispiel : Der Salat, *den* Costa mitgebracht hat, ist eine griechische Spezialität.

1) Der Wein, ... Alain mitgebracht hat, kommt aus Burgund*.

2) Die Tasche, ... Julia Anna geschenkt hat, hat sie in Florenz** gekauft.

3) Das Bild, ... Sybille mitgebracht hat, ist ein Foto von Anna mit ihren Freunden.

4) Die Brote, ... Annas Schwester mitgbracht hat, hat sie selbst gebacken.

5) Die Essstäbchen, ... Tomoko mitgebracht hat, sind aus Japan.

6) Der Käse, ... Philipp mitgebracht hat, ist aus der Schweiz.

* Burgund ブルゴーニュ　** Florenz フィレンツェ

Übung 5 Sarah interviewt die Gäste auf der Abschiedsparty. Hören Sie den Dialog und
beantworten Sie die Fragen. ザーラが送別会のお客さんたちにインタビューをし
ています。会話を聴き，質問に答えてください。 [Arbeitsblatt S.15]

Fragen zum Dialog

1) Wo wohnt die Japanerin?

2) Was ist der Kameruner von Beruf?

3) Was macht der Brasilianer in Frankfurt?

4) Was möchte der Türke in Deutschland machen?

Teil 2 Anna, Tomoko und Jacques unterhalten sich über ihre Erfahrungen. アナは友人のトモコとジャックと自分たちの経験について話しています。

„Tomoko, du bist aus Japan und lebst schon lange in Deutschland. Was gefällt dir eigentlich in Deutschland?" fragt Anna. „Gute Frage. Als ich vor fünf Jahren zum ersten Mal nach Deutschland gekommen bin, war ich frustriert. Ich war in München und habe dort einen Sprachkurs besucht. Damals konnte ich nur wenig Deutsch. Die Klassenkameraden haben immer sehr viel gesprochen, aber ich gar nicht. Außerdem fand ich sie zu direkt. Ich hatte das Gefühl, dass sie mich kritisierten, wenn sie ihre Meinungen geäußert haben. Aber nach und nach habe ich verstanden, dass es in so einem Fall nicht um mich geht, sondern einfach um die Sache. Und ich habe mich auch daran gewöhnt, etwas direkt zu sagen. Inzwischen gefällt mir diese Direktheit sehr!" antwortet Tomoko. „Interessant!" sagt Anna und fragt auch Jacques.

„Wie ist es bei dir, Jacques?" „Ich bin sehr gerne hier in Deutschland, aber manchmal habe ich noch Probleme," antwortet Jacques. „Was denn? Erzähl doch!" sagt Anna.

Jacques erzählt: „Also zum Beispiel, die Deutschen scheinen mir ein bisschen zu distanziert zu sein. Ich habe einmal ganz spontan eine Freundin besucht, ohne vorher anzurufen. Sie war da, aber hat mir gesagt, dass sie keine Zeit hätte. Ich war ein bisschen traurig." „Hm ... ich verstehe dich, aber auch deine Freundin," sagt Tomoko. „Ich auch," sagt Anna. „Ich glaube, sie hatte wirklich keine Zeit. Wenn du jemanden besuchen möchtest, rufst du ihn oder sie besser vorher mal an." „Okay, das werde ich nächstes Mal tun," sagt Jacques. „Und Anna? Du warst doch schon in Australien, Amerika und auch in Japan. Was hast du im Ausland erlebt?" möchte jetzt Tomoko wissen. „Also, als ich in Japan war, habe ich mich einmal erkältet und hatte Schnupfen. Da habe ich mir ständig die Nase putzen müssen. Aber immer wieder guckte man mich komisch an, wenn ich mir zum Beispiel in der Bahn die Nase geputzt habe. Die Japaner putzen sich wohl in der Öffentlichkeit die Nase nicht, sondern sie ziehen die Nase hoch. Aber das finde ich ungesund. Hier kann man sich die Nase ruhig putzen," erzählt Anna. „Putzt du dir die Nase in der Bahn, Tomoko?" fragt Jacques. „Natürlich, aber diskret!" sagt Tomoko.

Wer sagt was? 誰が何と言っていますか？ 文中のセリフを分類してワークシートに書き込みましょう。 (**Arbeitsblatt S.16**)

Richtig oder falsch? 前ページのテクストを読んで，正しい場合には richtig に，間違っている場合には falsch に印をつけてください。

045 **Tomoko**

	richtig	falsch
A) Tomoko ist noch nicht lange in Deutschland.	☐	☐
B) Sie hat in München einen Sprachkurs besucht.	☐	☐
C) Sie konnte damals schon gut Deutsch.	☐	☐
D) Sie hatte das Gefühl, dass ihre Klassenkameraden sie kritisiert haben.	☐	☐
E) Sie findet es gut, etwas direkt zu sagen.	☐	☐

046 **Jacques**

	richtig	falsch
F) Das Leben in Deutschland gefällt Jacques gut.	☐	☐
G) Er hat keine Probleme mehr.	☐	☐
H) Er hat eine Freundin spontan besucht.	☐	☐
I) Er hat die Freundin angerufen, bevor er sie besucht hat.	☐	☐
J) Er ruft besser vorher an, wenn er jemanden besuchen möchte.	☐	☐

047 **Anna**

	richtig	falsch
K) Anna war noch nie in Japan.	☐	☐
L) Sie hatte in Japan eine Erkältung.	☐	☐
M) Sie hat sich in der Bahn die Nase geputzt.	☐	☐
N) Sie wurde dabei von Japanern komisch angeguckt.	☐	☐
O) Sie findet es ungesund, dass sich die Japaner in der Öffentlichkeit die Nase nicht putzen.	☐	☐

番外編　Machen Sie eine Umfrage!　クラスでアンケートを取ってみましょう。

Findest du es gut, ...?	ja	nein
wenn man seine Meinung direkt äußert		
wenn man sich in der Bahn die Nase putzt		
wenn man die Nase hochzieht		

Ergänzen Sie. 適切な語を選び，下線部に書き入れましょう。

> besucht distanziert erkältet frustriert
> geäußert geputzt kritisiert

1) Ich habe mich _____ .
2) Er hat mich _____ .
3) Ich war _____ .
4) Sie hat ihre Meinung _____ .
5) Ich habe einen Sprachkurs _____ .
6) Er ist ein bisschen zu _____ .
7) Ich habe mir meine Nase _____ .

Ordnen Sie zu. それぞれの反意語を選び，書き込みましょう。

> kurz indirekt indiskret noch nie uninteressant viel

direkt   ⟷   ....   diskret   ⟷   ....

interessant ⟷   ....   lange   ⟷   ....

schon einmal ⟷   ....   wenig   ⟷   ....

Machen Sie Sätze mit „als". 例にならって，２つの文を接続詞 als でつないでください。

> Meine Eltern waren in Kobe.
> Ich habe Fußball gespielt.
> ~~Ich konnte gar nicht schwimmen.~~
> Ich war drei Jahre alt.
> Die Bibliothek war alt und klein.

> ~~Ich war noch klein.~~
> Sie haben geheiratet.
> Mein Bruder ist geboren.
> Ich war in der Oberschule.
> Ich habe mit dem Studium angefangen.

Beispiel : Ich konnte gar nicht schwimmen, als ich noch klein war .

....

....

....

Übung 9 Machen Sie Sätze mit „wenn". 例にならって，２つの文を接続詞 wenn でつない
でください。

Ich habe immer mit meinem Großvater gespielt.

~~Ich bin oft schwimmen gegangen.~~

Ich habe mich immer sehr gefreut.

Meine Mutter war immer ärgerlich.

Ich bin oft ins Kino gegangen.

Mein Zimmer war unordentlich.

Meine Großeltern haben uns besucht.

Ich hatte keine Schule.

Ich hatte keine Uni.

~~Es war heiß.~~

Beispiel : *Ich bin oft schwimmen gegangen, wenn es heiß* war.

....

....

....

....

Neu!

als と wenn の違い

als は，過去に起こった１回限りの出来事の場合に用いる。

wenn は，反復される出来事や習慣，つまり１回だけではない場合
に用いるが，それらが現在や未来の場合にも用いることができる。

Übung 10 Machen Sie Sätze. あなた自身について作文してください。

1) Als ich Kind war, habe ich oft ....

2) Ich ...., als ich in der Mittelschule war.

3) Ich habe mich sehr gefreut, wenn ....

4) Wenn ...., ärgere ich mich sehr.

Neu!

副文は文頭に置くことができる。その場合には，副文全体を１つと考えるの
で，主文の定形がその次に来る（＝定形第２位）。

  1   2
Ich konnte gar nicht schwimmen, als ich noch klein war .
主語　定形

        1   2
 Als ich noch klein war , konnte ich gar nicht schwimmen.
      副文   定形　主語

e Bevölkerung 人口　　*r* Ausländer 外国人

s Ausländeramt 外国人局　　*r* Schalter 窓口

e Abschiedsparty 送別会

pl Kopfschmerzen 頭痛

pl Bauchschmerzen 腹痛

e Nachbarin （女性の）隣人

e Spezialität 名物（料理）

pl Essstäbchen 箸

r Klassenkamerad クラスメート

e Meinung 意見

e Sache 事柄　　*r* Schnupfen 鼻かぜ

---

spät 遅い　　pünktlich 時間に正確な

zu + 形容詞 あまりにも〜　　schrecklich ひどい

zu 閉まっている　　egal 重要ではない

frustriert ストレスを感じている

direkt 直接的な　　inzwischen 今では

distanziert 距離を置いている

spontan 思いつくままに　　vorher 前もって

traurig 悲しい　　ständig 絶えず

komisch 変なふうに　　ungesund 不健康な

ruhig （副詞として）遠慮なく　　diskret 控えめに

---

um ... zu + 不定詞 …を〜するために

不定詞 + lassen 〜させる

etwas zu tun haben 用がある

Pech haben ついていない

usw. = und so weiter などなど

das Gefühl haben, dass ... …と感じる

nach und nach 次第に

es geht um ... …のことが問題である

scheinen ... zu sein …であるように思える

in der Bahn 電車の中で

sich die Nase putzen 鼻をかむ

die Nase hochziehen 鼻をすする

---

verpassen のがす　　ab|fahren 発車する

verlängern 延長する　　passieren 起こる

los|fahren 出発する

stehen 立っている　　sitzen 座っている

j³ gefallen 人 ³ の気に入る　　äußern 述べる

kritisieren 批判する

sich⁴ an et⁴ gewöhnen 事 ⁴ に慣れる，なじむ

erzählen 語る　　verstehen 理解する

tun する　　erleben 体験する　　wissen 知る

sich⁴ erkälten かぜをひく　　an|gucken 見る

関係文

関係代名詞で導かれる文。関係文は副文として扱われるので，動詞は定動詞後置。

関係代名詞は関係文の中での役割に応じて格変化する。

関係代名詞の性と数は先行詞と一致するが，格は必ずしも一致しない。②のように，関係文の中で格をとる。

関係文

① <u>Der Mann</u>, der an der Tür steht, kommt aus der Türkei.

先行詞　　関係代名詞 1 格　　　　　　　　　　　　　ドアのところに立っている男性は，トルコ出身です。

（ ➡ <u>Der Mann</u> kommt aus der Türkei.+ Er steht an der Tür.）

1 格

関係文

② <u>Der Mann</u>, den ich auf der Party kennengelernt habe, kommt aus der Türkei.

先行詞　　関係代名詞 4 格　　　　　　　　　　　　私がパーティーで知り合った男性は，トルコ出身です。

（ ➡ <u>Der Mann</u> kommt aus der Türkei.+ Ich habe ihn auf der Party kennengelernt.）

4 格

関係代名詞の格変化

	男性	女性	中性	複数
1 格	der	die	das	die
2 格	dessen	deren	dessen	deren
3 格	dem	der	dem	denen
4 格	den	die	das	die

Der Fisch, den ich gerade gegessen habe, kommt aus der Nordsee.

Lektion 7

Stellensuche 就職活動

Für unsere Zentrale in Frankfurt suchen wir eine/n Informatikkauffrau / Informatikkaufmann

Ihr Profil:
- kaufmännische Ausbildung mit Schwerpunkt Informatik
- Balance zwischen kaufmännischem Denken, Kundenorientierung und hoher IT-Affinität
- hohe Lernbereitschaft
- kommunikative Fähigkeiten
- sicheres Englisch in Wort und Schrift

Unsere Angebote:
- Arbeiten in einem jungen und motivierten Team
- guter Verdienst
- Festanstellung in Vollzeit oder Teilzeit

Ansprechpartner
Herr Julian Meyer   Tel. 069/125-0892   julian.meyer@kreditbank.com

Sehr geehrter Herr Meyer,

Ihre Anzeige im Internet, in der Sie einen Informatikkaufmann suchen, habe ich gelesen.
Da ich mich für diesen Bereich interessiere, bewerbe ich mich bei Ihnen um die Stelle.

Ich habe vor zwei Jahren meine Ausbildung als IT-Kaufmann erfolgreich beendet und dann
zwei Jahre lang an der Goethe-Universität in Frankfurt Informatik im Hauptfach und BWL* im
Nebenfach (Bachelor) studiert. Vor einem Jahr habe ich ein Praktikum bei ALDI SÜD** gemacht.
Wie Sie in meinem Lebenslauf sehen können, habe ich ein Jahr lang in den USA gelebt. Meine
Englischkenntnisse sind sehr gut.

Über eine Einladung zu einem Vorstellungsgespräch würde ich mich sehr freuen.

Mit freundlichen Grüßen

Christian Weiß
Bergstraße 7
12345 Überdorf
christian.weiss@mail.com   Tel. 0152 1234 5678

               * BWL : Betriebswirtschaftslehre 経営経済学
  ** ALDI SÜD（スーパーマーケットを運営する企業の名前）

Information

ドイツでは，大学卒業を前提としない職業も多く存在します。大学に進学せず職業に就く場合，職業学校（e Berufsschule）に通いながら会社やマイスター（r Meister）の下で実習を受け資格を取得します。大学を卒業して就職する際には，大学での専攻科目と職業選択が密接に関連しています。日本では，会社に入ってから実際の仕事を研修という形で学んだりしますが，ドイツの企業は即戦力になるような人材を採用します。したがって，大学で勉強したことと無関係の職に就くということはまれです。また，大学生は在学中に企業研修（インターンシップ，s Praktikum）を経験するのが一般的です。これは，即戦力を身につけるためだけではなく，自分に適した職を見つけるための手段でもあるようです。企業側にとっても優秀な人材を見つけるよい機会なので，研修生（r Praktikant / e Praktikantin）を積極的に受け入れています。

neunundsechzig | 69

Teil 1 Christian, ein Freund von Oliver, hat eine Stelle gefunden. Nadine und Oliver sprechen darüber. オリヴァーの友人クリスティアンが就職先を見つけたようです。そのことについてナディーンとオリヴァーが話しています。

Oliver   Nadine

Du Nadine, hast du schon gehört, dass Christian eine Stelle gefunden hat?

Ja? Das ist aber toll! Und wo?

Bei einem Autohersteller.

Was? Er wollte doch bei einer großen Supermarktkette arbeiten.

Ja, aber wenn ich Christian wäre, würde ich auch die Stelle bei dem Autohersteller annehmen. Du weißt doch, dass er sehr lange eine Stelle gesucht hat.

Na ja, dann! Und ist die Firma in Frankfurt?

Ja. Das ist für ihn auch günstig. Er kann weiter mit seiner Freundin zusammenwohnen.

Sicher verdient er dann auch gut, oder?

Ich glaube schon. Aber er meint, dass er dort auch oft Überstunden machen muss. Und Urlaub hat er auch nicht so viel, wie er gedacht hat.

Muss er viel im Büro arbeiten oder hat er Kontakt mit Kunden?

Ich glaube, er muss nicht immer einsam vor dem Computer sitzen. Er soll Kunden beraten und mit Kollegen im Team arbeiten.

Hm ... das finde ich interessant. Ich persönlich würde auch gern Kontakt mit Kunden haben. Aber regelmäßige Arbeitszeiten und ein langer Urlaub wären für mich wichtig. Wenn ich Christian wäre, würde ich vielleicht noch eine andere Stelle suchen.

Übung 1 Christian hat drei Stellenangebote bekommen. Wie finden Sie die Angebote? Diskutieren Sie in der Klasse.　クリスティアンは３つの会社から内定をもらいました。それぞれの仕事に対してあなたはどのように思いますか？　例にならってクラスで話し合ってください。 　Arbeitsblatt S.17

BMW Group

-Man verdient gut.
-Man muss oft Überstunden machen.
-Man hat Kontakt zu Kunden.
-Man arbeitet im Team.
-Man hat gute Karrierechancen.

Maschinenbaufirma Kühn

-Der Chef ist nett.
-Verdienst : nicht gut
-regelmäßige Arbeitszeiten
-wenig Kontakt zu Kunden
-kleine Firma

Jet-Touristikunternehmen

-liegt verkehrsgünstig
　(ca.10 Min. mit der U-Bahn)
-unregelmäßige Arbeitszeiten
-man hat Kundenkontakt

Beispiel :

Ich finde die Stelle bei BMW gut, weil man dort gut verdient.

Ich finde die Stelle bei dem Touristikunternehmen nicht gut, weil man dort unregelmäßige Arbeitszeiten hat.

Ich finde die Stelle bei der Maschinenbaufirma besser.

Übung 2 Ordnen Sie die Sätze im Kasten in die Tabelle ein.　下の文を３つのグループに分類してください。

Ich nehme die Stelle an.　Ich lehne die Stelle ab.　~~Ich weiß nicht.~~
Ich überlege noch mal.　Ich suche eine andere Stelle.　Ich arbeite dort bestimmt gern.
~~Ich finde die Stelle gut.~~　~~Ich finde die Stelle nicht gut.~~　Ich finde die Stelle interessant.
Ich finde die Stelle nicht interessant.
Ich spreche noch mal mit meinem Freund / meiner Freundin über das Angebot.

positiv	?	negativ
Ich finde die Stelle gut.	Ich weiß nicht.	Ich finde die Stelle nicht gut.

Übung 3 Machen Sie Sätze nach dem Beispiel. 例にならってそれぞれの意見を「もし私がクリスティアンだったら，～するだろう」と言い換えてください。

Arbeitsblatt S.17

Beispiel : *Ich nehme die Stelle an.*

Wenn ich Christian wäre, würde ich die Stelle annehmen.

1) Ich lehne die Stelle ab.
2) Ich überlege noch mal.
3) Ich arbeite dort bestimmt gern.
4) Ich suche eine andere Stelle.
5) Ich spreche noch mal mit meinem Freund über das Angebot.

Noch einmal!

現実とは異なる事柄を非現実的なこととして述べる場合には，接続法第2式を用いる。

Wenn **ich** Christian **wäre** ...
Wenn **du** Christian **wär(e)st** ...
Wenn **er** Christian **wäre** ...

Noch einmal!

現代ドイツ語では，接続法第2式を würde と不定詞を組み合わせて代用することが一般的。不定詞は文末へ置く。

Was **würdest** du **machen**, wenn du Christian **wär(e)st**?
 - Wenn ich Christian wäre, **würde** ich die Stelle **annehmen**.

Übung 4 Was meinen Philipp, Lena und Oliver zu Christians Entscheidung? Hören Sie. クリスティアンの就職についてフィリップやレーナ，オリヴァーはどう考えているでしょうか？ 聴き取ってください。

Wenn ich Christian wäre, würde ich ...

Wenn ich Christian wäre, würde ich ...

Wenn ich Christian wäre, würde ich ...

番外編 Stellen Sie sich vor, Sie wären Reiseleiter / Reiseleiterin. Wohin würden Sie fahren? Was würden Sie den Touristen zeigen? Was würden Sie mit den Touristen machen? あなたがツアーコンダクターだったら，どこへ旅行者を案内し，何をしますか？ クラスメートと話し合ってみましょう。

Ich würde nach Australien fahren. Dort würde ich den Touristen Koalabären zeigen. Ich würde auch mit den Touristen tauchen.

Teil 2 Bewerbungstipps 就職活動のためのヒント

Bewerbung

In eine Bewerbung gehören normalerweise:

    das Anschreiben

    der Lebenslauf

    Foto des Bewerbers auf dem Lebenslauf

    die Schulzeugnisse

Man sollte den Text sachlich schreiben und über Studienschwerpunkte, Leistungen und Erfahrungen informieren, damit die Bewerbung für die Firma interessant ist. Ganz wichtig: Man muss alles mit dem Computer schreiben und man darf keine Fehler machen!

Outfit

Kleidung und Aussehen sollten zum Typ und zu der Situation passen. Frauen sollten ein Kostüm oder einen Hosenanzug tragen. Röcke dürfen nicht zu kurz sein (höchstens eine Handbreite über dem Knie!). Schmuck und Make-up sollten dezent sein. In konservativen Branchen sind für Männer ein dunkler Anzug und eine passende Krawatte obligatorisch. In der IT-Branche, vor allem in Start-ups, kann man aber auch Jeans mit einem Jackett tragen. Auf jeden Fall sollten Haare und Bart gepflegt sein.

Beim Vorstellungsgespräch

Planen Sie rechtzeitig Ihre Fahrt zu der Firma. Kalkulieren Sie für den Weg viel Zeit ein. Entscheidend ist, dass Sie pünktlich sind. Seien Sie höflich und freundlich. Begrüßen Sie Ihre Gesprächspartner mit einem festen (aber nicht schmerzhaften) Händedruck. Wenn man Ihnen etwas zu trinken anbietet, nehmen Sie es immer an. Bei schwierigen Fragen kann man etwas trinken – und dabei über eine gute Antwort nachdenken. Man sollte klar und deutlich auf die Fragen der Gesprächspartner antworten. Man sollte auf jeden Fall alle Daten in seinen Bewerbungsunterlagen im Kopf haben, damit man Fragen ohne langes Nachdenken beantworten kann. Verabschieden Sie sich zum Schluss freundlich und bedanken Sie sich für die Zeit.

Übung 5 Lesen Sie die Bewerbungstipps und finden Sie die Wörter aus dem Kasten im Text. Ordnen Sie dann die Wörter.　それぞれの語は Bewerbungstipps のどの段落に出てきているでしょうか？　分類してください。

> r Lebenslauf　r Hosenanzug　s Anschreiben　e Kleidung　s Foto
> r / pl Gesprächspartner　r Text　s Jackett　pl Bewerbungsunterlagen
> r Händedruck　s Zeugnis　s Make-up　r Rock (pl Röcke)　e Krawatte

Bewerbung	Outfit	Beim Vorstellungsgespräch

Übung 6 Lesen Sie die Bewerbungstipps noch einmal und ordnen Sie die folgenden Aussagen.　73 ページのテクストを読んで，それぞれの Tipp（アドバイス）とそれが何についてなのか，結びつけてください。

Man sollte den Text sachlich schreiben.

Man sollte keine kurzen Röcke tragen.

Man sollte pünktlich sein.

Man sollte keine Fehler machen.

Man sollte kein starkes Make-up tragen.

Man sollte die Daten im Kopf haben.

Bewerbungsschreiben

Outfit

Beim Vorstellungsgespräch

Übung 7 Was passt zusammen? Ordnen Sie.　テクストを読んで，1) ～ 3) のアドバイスの理由を a) ～ c) の中からそれぞれ見つけてください。

1) Man sollte im Anschreiben über seine Studienschwerpunkte, Leistungen und Erfahrungen informieren.

2) Man sollte für den Weg zum Vorstellungsgespräch viel Zeit einplanen.

3) Man sollte im Kopf haben, was man in den Bewerbungsunterlagen geschrieben hat.

a) Man kann dann Fragen klar und ohne langes Nachdenken beantworten.

b) Dann ist die Bewerbung für die Firma interessant.

c) Sonst kommt man vielleicht zu spät.

　1) ➡ (　　　　　　) 　2) ➡ (　　　　　　) 　3) ➡ (　　　　　　)

Übung 8　Geben Sie Ihren Freunden Tipps.　与えられた語彙を使い，例にならって「〜した ほうがよい」と友人にアドバイスしてください。 [Arbeitsblatt S.18]

> einen Anzug tragen　　im Internet recherchieren
>
> mit dem Bus fahren　　mit dem Computer schreiben

Beispiel :　**Ich weiß nicht, was ich zum
Vorstellungsgespräch anziehen soll.**　　**Du solltest einen Anzug tragen** .

1) Ich weiß nicht, ob ich zum Vorstellungsgespräch mit dem Auto fahren soll.

2) Ich weiß nicht, wie ich den Lebenslauf schreiben soll.

3) Ich weiß nicht, wie lange die Fahrt bis zur Maschinenbaufirma dauert.

> **Neu!**
>
> sollte ➡ sollen の接続法第 2 式「〜したほうがよい」
>
> **ich sollte　　Sie sollten　　du solltest**

Übung 9　Geben Sie Ratschläge und begründen Sie sie.　それぞれのアドバイスの理由は 何でしょうか？ 例にならって理由をつけ加えてください。 [Arbeitsblatt S.18]

Beispiel : Man sollte viel Zeit einkalkulieren. Man kann pünktlich da sein.
　　　　 ➡ Man sollte viel Zeit einkalkulieren, damit man pünktlich da sein kann.

1) Man sollte Informationen über die Firma sammeln.

　➡ ....

2) Man sollte sich selbst gut kennen.

　➡ ....

3) Man sollte alle Zeugnisse schicken.

　➡ ....

> ~~Man kann pünktlich da sein.~~
>
> Man kann seine Qualifikationen nachweisen.
>
> Man kann seine Motivation erklären.
>
> Man weiß über die Firma Bescheid.

Übung 10 Was schreibt man im Lebenslauf? ドイツ語での履歴書にはどのような事柄を書けばよいのでしょうか？

① Sammeln Sie Informationen über Kazuo Yamada. Stellen Sie ihn dann vor. 下の履歴書を見て，Kazuo Yamada についての情報を集め，紹介してください。

Lebenslauf

Persönliche Daten

Name:	Kazuo Yamada
Anschrift:	1-9-10 Otera, Suma-ku, Kobe
Telefon:	+81 (0)78 123 4567
E-Mail:	kazuo.yamada@mail.com
geboren:	26. Juli 1998 in Osaka

Ausbildung

2017-	Nishinihon Universität
	Fachbereich Jura
2014-2017	Suma-Oberschule in Kobe
Schulabschluss:	2017 Oberschulabschluss

Kenntnisse und Fähigkeiten

Sprachen:	gute Englischkenntnisse (TOEIC 780 Punkte)
	Grundkenntnisse in Deutsch
	(Diplom Deutsch in Japan: Stufe 3, Goethe-Zertifikat A2)
PC-Kenntnisse:	Word, Excel, PowerPoint

Besondere Interessen

Ikebana, Basketball

Kobe, den 21. September 20XX

Kazuo Yamada

② Was passt zusammen? 与えられた語を下線部に入れてください。

Anschrift geboren Sprachkenntnisse Name Ausbildung

Lebenslauf

.... : Masako Ikeda
.... : 4-1-10 Aoyamadai, Aoba-ku, Sendai
.... : 18. September 1988 in Tokyo
.... : 2017- Hokkaido-Universität in Sapporo
.... : sehr gute Englischkenntnisse in Wort und Schrift

③ Schreiben Sie Ihren Lebenslauf. Kazuo の履歴書を参考に，あなた自身の履歴書を書いてください。

Übung 11 Wenn Christian einmal in Japan arbeiten will ...　もしクリスティアンが日本での
就職を希望しているのであれば，どうでしょうか？

① Lesen Sie den Text. Warum hat ein Auslandsaufenthalt viele Vorteile für die Karriere?
テクストを読み，外国での滞在経験が就職活動で有利になる理由を挙げてください。

Wenn Christian einmal in Japan arbeiten will, hat er im IT-Bereich gute Chancen.
Auslandserfahrungen bieten im Zeitalter der Globalisierung viele Karrierevorteile: Man kann
seine Sprachkenntnisse und seine interkulturellen Kompetenzen verbessern. Außerdem kann
man andere Arbeitsweisen kennenlernen.

Japan ist sehr attraktiv: Seine Kultur ist gleichzeitig traditionell und modern. Es ist technologisch
innovativ und seine Wirtschaft ist stark.

Bei der Bewerbung sollte man aufpassen: Vieles ist anders, z.B. trägt man seinen Lebenslauf
mit der Hand in ein japanisches Standardformular* ein. Beim Vorstellungsgespräch sollte man
sachlich, ruhig und bescheiden sein. Und man sollte auf jeden Fall eine Visitenkarte dabei-
haben.

[*] japanisches Standardformular 日本で一般的な書式

② Geben Sie Christian Bewerbungstipps.　クリスティアンにアドバイスをしてください。

　　Beispiel : deinen Lebenslauf mit der Hand in ein Formular eintragen.

　　➡　_Du solltest deinen Lebenslauf mit der Hand in ein japanisches Standardformular_
　　　　eintragen.

a) beim Vorstellungsgespräch sachlich, ruhig und bescheiden sein.

　　➡　.. .

b) eine Visitenkarte dabei haben

　　➡　.. .

r Informatikkaufmann /e Informatikkauffrau
システムエンジニア

e Kundenorientierung 顧客志向

e Affinität 慣れ親しんでいること

e Stelle 職　　r Autohersteller 自動車メーカー

e Überstunde (pl -n) 残業

r Kontakt 接触，コンタクト　　r Verdienst 収入

r Tipp (pl -s) ヒント　　s Anschreiben 添え状

e Bewerbung （求人などへの）応募

pl Bewerbungsunterlagen （応募のための）必要書類

r Bewerber 応募者　　r Lebenslauf 履歴書

s Schulzeugnis (pl -se)
学校の証明書（成績証明書，卒業証明書など）

r Studienschwerpunkt (pl -e) 学業での重点

e Leistung (pl -en) 成績，業績

e Erfahrung (pl -en) 経験

r Fehler (pl -) 間違い，誤字

s Outfit = e Kleidung 服装

s Aussehen 外見　　r Typ タイプ，個性

e Situation 場面，シチュエーション

s Kostüm （女性用の）スーツ　　r Hosenanzug パンツスーツ

e Handbreite 手のひらの幅　　s Knie ひざ

r Schmuck アクセサリー　　s Make-up 化粧

e Branche (pl -n) 業種，業界　　r Bart ひげ

s Vorstellungsgespräch 面接　　e Begrüßung あいさつ

r Gesprächspartner 面接の相手　　r Händedruck 握手

s Start-up (pl -s) スタートアップ企業

e Kenntnis (pl -se) 知識　　e Qualifikation (pl -en) 資格

e Fähigkeit (pl -en) 技能

pl Grundkenntnisse 基礎知識

besondere Interessen 趣味，特技

r Bereich (pl -e) 分野　　e Karriere キャリア

r Vorteil (pl -e) 利点　　e Kompetenz (pl -en) 能力

---

am besten 一番よいのは

auf jeden Fall どんな場合にも

ohne langes Nachdenken 長く考えないで

zum Schluss 最後に

im Zeitalter der Globalisierung
グローバル化の時代に

---

an|nehmen 受け入れる　　ab|lehnen 断る

verdienen 稼ぐ　　überlegen よく考える

sich⁴ bewerben 応募する　　passen 合う

Bescheid wissen よく分かっている

sich⁴ an et⁴ gewöhnen 物⁴になじむ

ein|kalkulieren (= ein|planen)
あらかじめ計算に入れる

Seien Sie ... sein の Sie に対する命令形

begrüßen あいさつをする　　an|bieten 勧める

nach|denken よく考える

im Kopf haben 頭に入れておく

beantworten 答える

sich⁴ verabschieden 別れを告げる

sich⁴ bedanken 礼を言う

verbessern 向上させる　　nach|weisen 証明する

auf|passen 注意する　　ein|tragen 記入する

---

günstig 都合のよい

verkehrsgünstig 交通の便がよい

regelmäßig 規則的な　　unregelmäßig 不規則な

wichtig 重要な　　sachlich 事務的に，客観的に

konservativ 保守的な　　dunkel 黒っぽい，暗色の

gepflegt 手入れが行き届いた

höflich 礼儀正しい　　freundlich 感じのよい

schwierig 難しい

rechtzeitig 時間に遅れない，頃合いよく

entscheidend 決定的である，重要である

pünktlich 時間に正確な　　fest 固い

schmerzhaft 痛い，苦痛を与える

gleichzeitig 同時に　　traditionell 伝統的な

bescheiden 控えめな

Ich wäre gerne
die Katze eines
Fischhändlers.

接続法第2式

接続法第2式は，事実とは異なることを想定して述べる場合や，依頼や控えめな主張や要求，提案を行う場合に用いる（外交的接続法）。

> Wenn ich Anna wäre, würde ich die Stelle annehmen. （非現実想定）

> Man sollte keine kurzen Röcke tragen. （忠告）

> Ich hätte noch eine Frage. もう一つ質問があるのですが。（控えめな主張）

	sein	haben	sollen	werden		sein	haben	sollen	werden
ich	wäre	hätte	sollte	würde	wir	wären	hätten	sollten	würden
du	wär(e)st	hättest	solltest	würdest	ihr	wär(e)t	hättet	solltet	würdet
er	wäre	hätte	sollte	würde	sie	wären	hätten	sollten	würden
Sie	wären	hätten	sollten	würden	Sie	wären	hätten	sollten	würden

Seikos Besuch in Frankfurt

聖子がフランクフルトにやって来た

Jonas

geb. am 5. Januar 20XX

3150 g   51 cm

Es freuen sich die glücklichen Eltern
Nadine Müller und Oliver Berger

Liebe Seiko,

endlich ist unser kleiner Jonas da! Er ist so süß, so winzig klein! Nadine und ich sind ganz stolz - und ein bisschen müde! Aber wir schaffen es!

Nadine muss erst am 5. März wieder arbeiten (aber nur 25 Stunden) und ich habe Semesterferien. Möchtest du nicht in den Ferien nach Frankfurt kommen und bei uns babysitten und natürlich auch mit uns Frankfurt besichtigen? Nadine und ich haben, wie gesagt, Zeit. Und du kannst bei uns in der WG wohnen. Bitte komm, du musst unseren kleinen Jonas doch unbedingt kennenlernen!

Liebe Grüße

Nadine und Oliver

Liebe Nadine, lieber Oliver,

ganz, ganz herzliche Glückwünsche zur Geburt von dem kleinen Jonas!

Er sieht wirklich ganz süß aus. Die große Nase hat er von dir, Oliver!

Ich wünsche ihm alles Gute auf seinem Lebensweg.

Vielen, vielen Dank, dass ihr mich eingeladen habt. Ich freue mich, dass ich kommen darf!

Ich freue mich auf Jonas, auf euch und auf Frankfurt!

Bis bald!

Seiko

Information

フランクフルトは世界有数の金融都市です。1998 年にはヨーロッパ中央銀行 (e Europäische Zentralbank) が置かれました。フランクフルト証券取引所 (e Börse) は，ニューヨーク，東京，ロンドンに続き，世界第 4 位の規模を誇っています。この街ではまた，数多くの国際見本市 (e Messe) が開催されます。活発な経済だけでなく，長い歴史を物語る多くの観光名所もこの街の魅力です。

Teil 1 Seiko, Nadine und Oliver besichtigen Frankfurt. ナディーンとオリヴァーが日本から来た聖子にフランクフルトの町を案内しています。

Oliver

Seiko

> So, hier sind wir im Zentrum von Frankfurt. Hier gibt es viele Sehenswürdigkeiten. Wofür interessierst du dich denn besonders, für das alte Frankfurt oder für das neue Frankfurt?

> Ich interessiere mich für beides! Aber ich möchte zuerst das alte Frankfurt kennenlernen.

> Gut, ich schlage vor, wir gehen zuerst durch die ‚neue' Altstadt. Die schöne mittelalterliche Altstadt, die im Zweiten Weltkrieg fast komplett zerstört wurde, hat man rekonstruiert. Dieses Altstadtviertel ist wirklich sehenswert. Dann gehen wir zur Paulskirche. Dort versammelte sich 1848/49 das erste Parlament von ganz Deutschland. Und ganz in der Nähe ist das Goethehaus. Da wohnte Goethe als Kind.

> Aha! Interessant! Du Oliver, ich interessiere mich auch sehr für die Geschichte der Juden in Frankfurt. Ich habe gelesen, dass es früher hier eine große jüdische Gemeinde gab.

> Richtig, und am Main gibt es das Jüdische Museum. Das ist sehr, sehr interessant. Also, was möchtest du sehen, Seiko?

> Ich möchte am liebsten alles sehen!
> Gut, dass ich einen ganzen Monat in Frankfurt sein kann.

 Fragen zum Dialog (Arbeitsblatt S.19)

1) Wofür interessiert sich Seiko?
2) Wohin möchte Oliver zuerst gehen?
3) Was war 1848/49? Wo war das?
4) Was ist in der Nähe der Paulskirche?
5) Wo kann man etwas über die Geschichte der Juden erfahren?

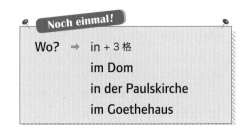

Noch einmal!

Wo? → in + 3格
im Dom
in der Paulskirche
im Goethehaus

Übung 1　Schauen Sie sich die Bilder an.　フランクフルトにはどんな観光名所があります
か？　写真を見て会話をしてください。

Beispiel :

Wohin wollen wir gehen?

Ich schlage vor, wir gehen zum Dom.

1) der Römer　　　2) die Paulskirche　　　3) der Dom

4) das Goethehaus　　5) die Altstadt

Neu!

Wohin?　➡　zu + 3 格
　　　　　　zum Dom
　　　　　　zur　Paulskirche
　　　　　　zum Goethehaus

Übung 2　Ordnen Sie zu.　それぞれのテクストはどの観光名所を説明したものですか？　番号
を書き入れましょう。

🎧059

der Römer	die Paulskirche	der Dom	das Goethehaus	die Altstadt

1) Hier kam 1848 das erste deutsche Parlament zusammen. Die Abgeordneten der
deutschen Staaten diskutierten über eine Verfassung für ganz Deutschland.

s Parlament 議会　　r Abgeordnete 議員　　e Verfassung 憲法

2) Hier wohnten früher italienische Messebesucher. 1405 wurde das Gebäude Rathaus
der Stadt.　　　　　　　　　　　　　　　　　　　　　　　　s Gebäude 建物

3) Hier lebte Johann Wolfgang von Goethe als Kind und junger Mann. Hier schrieb er
1774 „Die Leiden des jungen Werther".　　„Die Leiden des jungen Werther" 若きウェルテルの悩み

4) Man hat 15 Häuser rekonstruiert und daraus eine neue Altstadt gemacht. Aber das
Projekt hat 200 Millionen Euro gekostet.

5) In dieser Kirche krönte man ab 1562 die deutschen Kaiser.

krönen 戴冠する　　r / pl Kaiser 皇帝

Übung 3　Lesen Sie die Texte aus Übung 2.　Übung 2 のテクストをもう一度読んでください。

① Ergänzen Sie.　下の文を完成させてください。

1) Hier __wohnten__ früher italienische Messebesucher.

2) Hier _____ das erste deutsche Parlament zusammen.

3) Die Abgeordneten _____ über eine Verfassung.

4) Hier _____ Goethe.

5) Hier _____ Goethe „Die Leiden des jungen Werther".

② Ergänzen Sie die Tabelle.　1～6) の文の動詞を書き入れ, その不定詞と意味を確認しましょう。

		不定詞	意味
1)	wohnten		
2)			
3)			
4)			
5)			

Noch einmal!

規則動詞の過去人称変化：

wohnen　➡　wohnte

ich wohnte	wir wohnten
du wohntest	ihr wohntet
er wohnte	sie wohnten

Neu!

不規則動詞は 93 ～ 95 ページを参照

kommen ➡ kam
werden ➡ wurde

語幹の母音が変わるものが多い

Übung 4　Sprechen Sie über die Sehenswürdigkeiten aus Übung 3. Benutzen Sie das Perfekt.　Übung 3 の 1) ～ 5) の文を現在完了形に書き換えてみましょう。

Arbeitsblatt S.19

1) Hier wohnten früher italienische Messebesucher.

➡　Hier haben früher italienische Messebesucher gewohnt.

2) ➡ ....

3) ➡ ....

4) ➡ ....

5) ➡ ....

> **Neu!**
>
> 過去形：過去の出来事を記述するときに用いる（書き言葉）
>
> 現在完了形：過去の出来事について話すときに用いる（話し言葉）

番外編　In einem Stadtführer kann man über die Geschichte der Juden lesen.　12 世紀から多くのユダヤ人がフランクフルトで生活していました。ガイドブックにはそのユダヤ人たちの歴史が書かれています。

① Lesen Sie den Text.　次のテクストを読んでください。　[Arbeitsblatt S.20]

Die jüdische Gemeinde lebte seit dem 12. Jahrhundert am Dom. Juden und Christen lebten als Nachbarn nebeneinander. Aber immer wieder verfolgte man die Juden. Seit 1462 lebten die Juden in einem Getto, in der Judengasse. An Sonntagen und an Feiertagen und bei den Kaiserkrönungen schloss man sie dort ein. Trotz der Verfolgungen gab es viele Juden in Frankfurt, denn sie hatten eine wichtige Rolle im Wirtschaftsleben der Stadt: Sie machten die Geldgeschäfte, die für Christen verboten waren. Außerdem zahlten sie hohe Steuern und liehen oder schenkten der Stadt Geld. Reiche jüdische Bürger gaben auch Geld für die Gründung der Universität Frankfurt. Nur etwa 100 Juden überlebten die Verfolgungen der Nationalsozialisten in der Hitler-Zeit.

② Und nun erzählen Sie. Benutzen Sie das Perfekt.　現在完了形を使って，フランクフルトのユダヤ人たちの歴史について説明してみましょう。　[Arbeitsblatt S.20]

Die jüdische Gemeinde hat seit dem 12. Jahrhundert am Dom gelebt. Juden und Christen haben ...

Jüdisches Museum　　　　　　　　　　　Alter Jüdischer Friedhof

Teil 2 Zukunftsträume ... Seiko, Nadine und Oliver unterhalten sich über die Zukunft. 聖子たちは将来の夢を語りあっています。

„Sagt mal, wie stellt ihr euch eigentlich eure Zukunft vor?" fragt Seiko. „Wollt ihr gerne in Frankfurt leben?" „Tja," meint Oliver, „ein Leben in Frankfurt könnte ich mir schon gut vorstellen. Beruflich habe ich sicher hier gute Möglichkeiten. Mein Traum ist eine Stelle bei der Europäischen Zentralbank. Aber es gibt hier auch noch viele andere Banken und Wirtschaftsunternehmen. Der Arbeitsmarkt ist ziemlich groß hier in Frankfurt." „Und wenn wir von Berufsmöglichkeiten sprechen, dann ist Frankfurt natürlich ideal für mich," sagt Nadine. „Der Frankfurter Flughafen ist die größte Arbeitsstätte Deutschlands. Und wenn Jonas größer ist, würde ich gern wieder voll arbeiten."

„Und möchtet ihr auch gerne in Frankfurt wohnen?" will Seiko wissen. „Arbeiten in der Großstadt ist eine Sache, aber hier wohnen?" „Weißt du, wir sind Stadtkinder," antwortet Oliver. „Nadine und ich lieben die Skyline von Frankfurt, unser ‚Mainhattan'. Hier in Frankfurt kann man recht gut leben. Es gibt nicht nur viele Bars, Restaurants, Cafés, Theater, Kinos und Museen, sondern auch Parks und Grünanlagen, den Palmengarten mit vielen Pflanzenarten, den Zoo mit 4 500 Tieren - Jonas wird sicher bald eifriger Zoobesucher werden."

„Ich habe gehört, dass viele Leute lieber außerhalb von Frankfurt wohnen und als Pendler zum Arbeiten in die Stadt kommen. Wollt ihr später nicht auch ein Haus außerhalb von Frankfurt haben?" „Ein Haus im Grünen wäre ganz schön," sagt Nadine, „aber mein Traum wäre eine Eigentumswohnung in der Stadt, vielleicht mit Blick auf den Main." „Da müssen wir aber genug Geld haben," meint Oliver. „So ein Appartement mit Mainblick kostet viel Geld, über 8 000 Euro pro Quadratmeter. Aber träumen können wir ja von der Zukunft ..."

 Fragen zum Text (Arbeitsblatt S.21)

1) Warum möchte Oliver gerne in Frankfurt arbeiten?

2) Warum möchte Nadine gerne in Frankfurt arbeiten?

3) Was kann man in Frankfurt in seiner Freizeit wohl machen?

4) Was sind Pendler?

5) Wo möchte Nadine gerne wohnen?

Übung 5 Wie stellen Nadine und Oliver sich ihre Zukunft vor? ナディーンとオリヴァーは
どんな将来の夢を持っていますか。

Olivers Traum wäre ...

Nadines Traum wäre eine
Eigentumswohnung mit Mainblick.

Nadine würde gern voll arbeiten.

Oliver wäre gern Millionär.

Nadine und Oliver würden gern ...

viel Geld   einmal nach Japan kommen   eine schöne Urlaubsreise
eine Stelle bei der Europäischen Zentralbank   ein Ferienhaus in Spanien
~~voll arbeiten~~   ~~eine Eigentumswohnung mit Mainblick~~
Bankangestellter   ein tolles Auto   gut verdienen   ~~Millionär~~

Übung 6 Schreiben Sie Ihre Zukunftsträume auf. あなたの将来の夢を書いてください。

Arbeitsblatt S.21

Mein Traum wäre ....

Ich würde gern ....

Ich wäre gern ....

Flugbegleiter / Flugbegleiterin   weiterstudieren   Hausmann / Hausfrau
ein Haus im Grünen   Firmendirektor / Firmendirektorin   ins Ausland gehen
eine nette Frau / einen netten Mann heiraten   Reiseleiter / Reiseleiterin
ein tolles Auto   Programmierer / Programmiererin   nach ... reisen
eine interessante Arbeit   in ... wohnen   bei ... arbeiten

番外編 Fragen Sie Ihre Partnerin / Ihren Partner. クラスメートに尋ねてみましょう。

Arbeitsblatt S.22

Was wäre dein Traum?

Mein Traum wäre ...

Was würdest du gerne in der
Zukunft machen?

Ich würde gern ...

Ich wäre gern ...

Übung 7 Philipp und Seiko unterhalten sich über ihre Zukunft. Hören Sie. フィリップと聖子は将来について話しています。その話を聴いて答えてください。

063

1) Was würde Seiko gerne machen?   2) Was ist Philipps Zukunftstraum?

Übung 8 Oliver und Nadine sind Stadtkinder. Philipp aber möchte lieber im Grünen auf dem Land leben. Welche Vorteile und Nachteile haben Stadt- und Landleben? Ordnen Sie zu.   オリヴァーとナディーンは都会が好きです。それに対してフィリップは田舎暮らしにあこがれています。枠内の文を都会と田舎の長所と短所に分類してください。

> Wohnungen sind teuer.   Es gibt viele Arbeitsplätze.
> Kinder haben wenige Spielmöglichkeiten.   Es gibt viel Natur.
> Es gibt gute Einkaufsmöglichkeiten.   Kinder haben viele Spielmöglichkeiten.
> Die Luft ist sauber.   Man hat lange Pendelzeiten.   Wohnungen sind billig.
> Es ist laut.   Es gibt viel Verkehr.   Man lebt ruhig.
> Wenige Autos fahren auf den Straßen.
> Es gibt viele Kinos, Theater und Museen.   Man kann verkehrsgünstig wohnen.
> Es gibt wenige Arbeitsplätze.   Das kulturelle Angebot ist schlecht.
> Es gibt wenig Natur.   Die Luft ist schmutzig.   Es gibt wenige Geschäfte.

	Leben in der Stadt	Leben auf dem Land
Vorteile		
Nachteile		

Übung 9 Manchmal ist das Leben in der Stadt problematisch. Aber Nadine und Oliver sind optimistisch.   都会での暮らしには様々な問題がありますが，オリヴァーとナディーンは楽観的に見ています。それぞれの問題について彼らがどのように考えているのか，例にならって答えてください。

Beispiel : Die Luft in der Stadt ist schmutzig. ➡

1) Viele Autos fahren auf den Straßen.
2) Kinder haben wenige Spielmöglichkeiten.
3) Es gibt nicht so viel Grün.
4) Wohnungen kosten viel.

> *Wenn Jonas groß ist, wird die Luft in der Stadt sauber sein.*

Neu!

未来を表す助動詞 werden

ich werde arbeiten	wir werden arbeiten
du wirst arbeiten	ihr werdet arbeiten
er wird arbeiten	sie werden arbeiten

Übung 10 Ein Blick in die Zukunft: Wie werden Seiko, Oliver, Nadine, Jonas und Philipp in 10 Jahren leben? 聖子やオリヴァーたちの 10 年後は？

① Ordnen Sie zu. それぞれの将来を結びつけてください。

Oliver

Seiko

Nadine

Jonas

Philipp

viel Geld verdienen

mit einem Deutschen verheiratet sein

oft in den Zoo gehen, aber nicht gern in die Schule

sich für Umweltschutz engagieren

ein Haus im Schwarzwald haben

wieder voll arbeiten und bei der Lufthansa Karriere machen

bei der Europäischen Zentralbank arbeiten

gerne skaten

für eine japanische Firma in Deutschland arbeiten

viel Arbeit mit Familie und Beruf haben

② Und jetzt erzählen Sie. 例にならって話してください。

In 10 Jahren wird Oliver bei der Europäischen Zentralbank arbeiten.

e Großstadt 大都会　s Zentrum （街の）中心

e Sehenswürdigkeit (pl -en) 観光名所

e Grünanlage 緑地　　r Zoo 動物園

s Rathaus 市庁舎　　r Dom 大聖堂

e Skyline (‚Mainhattan') 摩天楼

r Römer レーマー（フランクフルトの旧市庁舎）

r Palmengarten パームガーデン（植物園の名前）

s Wirtschaftsleben 財界・経済活動

s Wirtschaftsunternehmen (pl -) 企業

s Geld お金　　s Geldgeschäft 金融業

e Steuer (pl -n) 税金

e Europäische Zentralbank ヨーロッパ中央銀行

e Berufsmöglichkeit 仕事の選択肢（可能性）

r Arbeitsmarkt 労働市場

e Arbeitsstätte 仕事のある場所

r Arbeitsplatz 職場

e Eigentumswohnung 分譲マンション

r Pendler 通勤通学者 (< pendeln 往復する)

s Getto ゲットー

r Jude (pl -n) ユダヤ人 (> jüdisch)

e Verfolgung 迫害 (< verfolgen)

---

im Grünen 緑の多い場所で

außerhalb von ～の外側で

kulturelles Angebot 文化的な催し

---

vor|schlagen 提案する

sich³ et⁴ vor|stellen 事⁴を想像する

von et³ sprechen 事³について話す

Ich werde heute Nacht Katzenmusik machen!

動詞の過去形

過去の出来事を記述する際に用いる。新聞記事や小説などに多い。話したり，手紙を書く場合には原則的に現在完了形を用いるが，史実を述べる場合には過去形を使うこともある。規則動詞の過去形は，語幹に -te をつけて作る。不規則な変化をする動詞については，辞書などを参照する。

規則動詞の過去基本形
➡ 語幹 + -te

wohnen	➡ wohnte	verfolgen	➡ verfolgte
leben	➡ lebte	zahlen	➡ zahlte
diskutieren	➡ diskutierte	schenken	➡ schenkte

規則動詞の過去人称変化
➡ 過去基本形に主語に応じた語尾をつける

ich	wohnte	wir	wohnten
du	wohntest	ihr	wohntet
er/sie/es	wohnte	sie	wohnten

不規則動詞の過去基本形
➡ 辞書などを参照する

kommen	➡ kam	nehmen	➡ nahm
geben	➡ gab	werden	➡ wurde
schreiben	➡ schrieb	haben	➡ hatte
sein	➡ war		

不規則動詞の過去人称変化
➡ 規則動詞と同じく，過去基本形に語尾をつける

ich	kam	wir	kamen
du	kamst	ihr	kamt
er/sie/es	kam	sie	kamen

1 人称単数と 3 人称単数は語尾なし

werden + 不定詞

未来の行為や出来事を予測する際に用いる。主語が 1 人称の場合は，決意や約束を表す。

ich	werde	studieren	wir	werden	studieren
du	wirst	studieren	ihr	werdet	studieren
er/sie/es	wird	studieren	sie	werden	studieren

文法表

人称代名詞

		単数		複数	
1人称		ich	私は	wir	私たちは
2人称	親称	du	君は	ihr	君たちは
	敬称	Sie	あなたは	Sie	あなたがたは
3人称		男性：er	彼は	sie	彼らは 彼女らは それらは
		女性：sie	彼女は		
		中性：es	それは		

不定詞と定動詞

不定詞 (不定形)：動詞や助動詞が何の変化もしていない形

    kommen   来る
    語幹

定動詞 (定形)：動詞や助動詞が，文中の主語に応じて変化した (＝人称変化した) 形
      文中では 2 番目に置かれる (定形第 2 位)

    Ich komme aus Kobe.
    Er kommt aus Tokyo.
       ↑
    定動詞 (定形)

規則動詞の現在人称変化

		単数		複数	
1人称	ich	語幹 + e	wir	語幹 + en
2人称	du	語幹 + (e)*st	ihr	語幹 + (e)*t
	Sie	語幹 + en	Sie	語幹 + en
3人称	er sie es	語幹 + (e)*t	sie	語幹 + en

    * 語幹が -t または -d で終わる場合には，口調上の e を入れる

定冠詞の格変化

	r Tisch	*e* Lampe	*s* Bett	複数形
1格 (～は)	der Tisch	die Lampe	das Bett	die Tische
2格 (～の)	des Tisches*	der Lampe	des Bettes*	der Tische
3格 (～に)	dem Tisch	der Lampe	dem Bett	den Tischen**
4格 (～を)	den Tisch	die Lampe	das Bett	die Tische

    * 男性名詞および中性名詞の 2 格では，名詞の語尾の -(e)s をつける
    ** 名詞の複数形の 3 格では，名詞の語尾に -n をつける (ただし，-s や -n で終わる複数形を除く)

不定冠詞の格変化

	r Tisch	*e* Lampe	*s* Bett
1格（〜は）	ein Tisch	eine Lampe	ein Bett
2格（〜の）	eines Tisches*	einer Lampe	eines Bettes*
3格（〜に）	einem Tisch	einer Lampe	einem Bett
4格（〜を）	einen Tisch	eine Lampe	ein Bett

否定冠詞の格変化

	r Tisch	*e* Lampe	*s* Bett
1格（〜は）	kein Tisch	keine Lampe	kein Bett
2格（〜の）	keines Tisches*	keiner Lampe	keines Bettes*
3格（〜に）	keinem Tisch	keiner Lampe	keinem Bett
4格（〜を）	keinen Tisch	keine Lampe	kein Bett

所有冠詞

	単数		複数	
1人称	ich ➡ mein		wir ➡ unser	
2人称	du ➡ dein		ihr ➡ euer	
	Sie ➡ Ihr		Sie ➡ Ihr	
3人称	er ➡ sein			
	sie ➡ ihr		sie ➡ ihr	
	es ➡ sein			

所有冠詞の格変化

所有冠詞は，それに続く名詞の性・数・格に応じて語尾が変化する

	男性	女性	中性	複数
1格	なし	-e	なし	-e
2格	-es	-er	-es	-er
3格	-em	-er	-em	-en
4格	-en	-e	なし	-e

sein, haben, werden の現在人称変化

sein	
ich bin	wir sind
du bist	ihr seid
Sie sind	Sie sind
er	
sie } ist	sie sind
es	

haben	
ich habe	wir haben
du hast	ihr habt
Sie haben	Sie haben
er	
sie } hat	sie haben
es	

werden	
ich werde	wir werden
du wirst	ihr werdet
Sie werden	Sie werden
er	
sie } wird	sie werden
es	

sein, haben, werden の過去人称変化

sein	
過去基本形　war	
ich　war	wir　waren
du　warst	ihr　wart
Sie　waren	Sie　waren
er	
sie } war	sie　waren
es	

haben	
過去基本形　hatte	
ich　hatte	wir　hatten
du　hattest	ihr　hattet
Sie　hatten	Sie　hatten
er	
sie } hatte	sie　hatten
es	

werden	
過去基本形　wurde	
ich　wurde	wir　wurden
du　wurdest	ihr　wurdet
Sie　wurden	Sie　wurden
er	
sie } wurde	sie　wurden
es	

話法の助動詞の現在人称変化

	dürfen ～してよい	können ～できる	möchte(n) ～したいと思う （主語の願望）	müssen ～しなければ ならない	sollen ～すべきだ	wollen ～するつもりだ （主語の意思）
ich	darf	kann	möchte	muss	soll	will
du	darfst	kannst	möchtest	musst	sollst	willst
Sie	dürfen	können	möchten	müssen	sollen	wollen
er/sie/es	darf	kann	möchte	muss	soll	will
wir	dürfen	können	möchten	müssen	sollen	wollen
ihr	dürft	könnt	möchtet	müsst	sollt	wollt
Sie	dürfen	können	möchten	müssen	sollen	wollen
sie	dürfen	können	möchten	müssen	sollen	wollen

話法の助動詞の過去人称変化

	dürfen	können	müssen	sollen	wollen
過去基本形	durfte	konnte	musste	sollte	wollte
ich	durfte	konnte	musste	sollte	wollte
du	durftest	konntest	musstest	solltest	wolltest
Sie	durften	konnten	mussten	sollten	wollten
er/sie/es	durfte	konnte	musste	sollte	wollte
wir	durften	konnten	mussten	sollten	wollten
ihr	durftet	konntet	musstet	solltet	wolltet
Sie	durften	konnten	mussten	sollten	wollten
sie	durften	konnten	mussten	sollten	wollten

人称代名詞の格変化

	単数			複数		
	1格	3格	4格	1格	3格	4格
1人称	ich	mir	mich	wir	uns	uns
2人称　親称	du	dir	dich	ihr	euch	euch
敬称	Sie	Ihnen	Sie	Sie	Ihnen	Sie
3人称	er	ihm	ihn			
	sie	ihr	sie	sie	ihnen	sie
	es	ihm	es			

再帰代名詞

	単数		複数	
	3格	4格	3格	4格
1人称	mir	mich	uns	uns
2人称　親称	dir	dich	euch	euch
敬称	sich	sich	sich	sich
3人称	sich	sich	sich	sich

接続法第2式の人称変化

過去人称変化を基につくられる。幹母音をウムラウトさせ，過去人称変化の語尾をとる。

sein	
過去基本形 war から	
ich wäre	wir wären
du wär(e)st	ihr wär(e)t
Sie wären	Sie wären
er	
sie } wäre	sie wären
es	

haben	
過去基本形 hatte から	
ich hätte	wir hätten
du hättest	ihr hättet
Sie hätten	Sie hätten
er	
sie } hätte	sie hätten
sie	

werden	
過去基本形 wurde から	
ich würde	wir würden
du würdest	ihr würdet
Sie würden	Sie würden
er	
sie } würde	sie würden
sie	

主な不規則動詞の三基本形 (s のついた動詞は現在完了形を作るとき sein を用いる)

不定詞		不規則な現在形	過去基本形	過去分詞
backen	パンなどを焼く	*du* bäckst	backte	gebacken
		er bäckt		
beginnen	始める		begann	begonnen
bleiben	とどまる		blieb	geblieben (*s*)
brennen	燃える		brannte	gebrannt
bringen	運ぶ		brachte	gebracht
dürfen	～してよい	*ich* darf	durfte	dürfen
接2 dürfte		*du* darfst		〈gedurft〉
		er darf		
essen	食べる	*du* isst	aß	gegessen
		er isst		
fahren	乗り物で行く	*du* fährst	fuhr	gefahren (*s*)
		er fährt		
fangen	捕える	*du* fängst	fing	gefangen
		er fängt		
finden	見つける		fand	gefunden
fliegen	飛ぶ		flog	geflogen (*s*)
geben	与える	*du* gibst	gab	gegeben
		er gibt		
gefallen	気に入る	*du* gefällst	gefiel	gefallen
		er gefällt		
gehen	行く		ging	gegangen (*s*)
gießen	注ぐ	du gießt	goss	gegossen
		er gießt		
gleichen	似ている		glich	geglichen
haben	持っている	*du* hast	hatte	gehabt
接2 hätte		*er* hat		
halten	つかんでいる	*du* hältst	hielt	gehalten
		er hält		
heißen	（～という）名である	*du* heißt	hieß	geheißen
		er heißt		
helfen	助ける	*du* hilfst	half	geholfen
		er hilft		
kennen	知っている		kannte	gekannt
kommen	来る		kam	gekommen (*s*)
können	～できる	*ich* kann	konnte	können
接2 könnte		*du* kannst		〈gekonnt〉
		er kann		
laden	積む	*du* lädst	lud	geladen
		er lädt		

不定詞		不規則な現在形	過去基本形	過去分詞
lassen	置いておく	*du* lässt *er* lässt	ließ	gelassen
lesen	読む	*du* liest *er* liest	las	gelesen
möchte(n)	～したいと思う	*er* möchte	wollte で代用	
müssen 接2 müsste	～しなければならない	*ich* muss *du* musst *er* muss	musste	müssen 〈gemusst〉
nehmen	取る	*du* nimmst *er* nimmt	nahm	genommen
raten	忠告する	*du* rätst *er* rät	riet	geraten
rufen	呼ぶ		rief	gerufen
schlafen	眠る	*du* schläfst *er* schläft	schlief	geschlafen
schreiben	書く		schrieb	geschrieben
schwimmen	泳ぐ		schwamm	geschwommen (s)
sehen	見る	*du* siehst *er* sieht	sah	gesehen
sein 接2 wäre	ある	*ich* bin *wir* sind *du* bist *ihr* seid *er* ist *sie* sind	war	gewesen (s)
singen	歌う		sang	gesungen
sitzen	すわっている	*du* sitzt *er* sitzt	saß	gesessen
sollen 接2 sollte	～すべきだ	*ich* soll *du* sollst *er* soll	sollte	sollen 〈gesollt〉
sprechen	話す	*du* sprichst *er* spricht	sprach	gesprochen
springen	跳ぶ		sprang	gesprungen (s)
stehen	立っている		stand	gestanden
sterben	死ぬ	*du* stirbst *er* stirbt	starb	gestorben (s)
treffen	会う	*du* triffst *er* trifft	traf	getroffen
trinken	飲む		trank	getrunken
tun	する		tat	getan
vergessen	忘れる	*du* vergisst *er* vergisst	vergaß	vergessen
waschen	洗う	*du* wäschst *er* wäscht	wusch	gewaschen

不定詞		不規則な現在形	過去基本形	過去分詞
werden	なる	*du* wirst	wurde	geworden (*s*)
接2 würde		*er* wird		〈worden (*s*)〈受動の助動詞〉〉
wissen	知っている	*ich* weiß	wusste	gewusst
		du weißt		
		er weiß		
wollen	～するつもりだ	*ich* will	wollte	wollen
接2 wollte		*du* willst		〈gewollt〉
		er will		

Photoquelle:

S.29 a) ©Imke Lenz, b), c) ©Ursula Shioji,
e) ©iStock.com/monkeybusinessimages
S.40 ©andreas_fischler (flickr)
S.81 Goethehaus: ©ptwo (flickr), Altstadt: ©Reading Tom (flickr)
S.83 ©Takako Yoshimitsu
Arbeitsblatt S.1 DVD-Player: ©Shal Farley (flickr)

じ こ ひょうげん ご
自己表現のためのドイツ語2〈プラス〉

2020 年 2 月 20 日　第 1 版発行

著　者　　板山　眞由美（いたやま　まゆみ）

　　　　　塩路　ウルズラ（しおじ　うるずら）

　　　　　本河　裕子（もとかわ　ゆうこ）

　　　　　吉満　たか子（よしみつ　たかこ）

発行者　　前田俊秀

発行所　　株式会社　三修社

　　　　　〒 150-0001　東京都渋谷区神宮前 2-2-22
　　　　　TEL 03-3405-4511
　　　　　FAX 03-3405-4522
　　　　　振替 00190-9-72758
　　　　　https://www.sanshusha.co.jp/
　　　　　編集担当　菊池　暁

印刷所　　日経印刷株式会社

表紙デザイン　　土橋　公政
本文 DTP　　　　株式会社欧友社
本文イラスト　　中島　聖子

© 2020 Printed in Japan
ISBN978-4-384- 13100-0 C1084

Farbkasten
Deutsch 2 plus
Arbeitsblatt

Lektion 1

学部	学科	学籍番号	氏名

1. **Übung 1** (S.11)　それぞれの絵にあう語を下から選び書き入れましょう。

> *r* Drucker　　*r* DVD-Player　　*s* Fahrrad　　*e* Heizung　　*e* Kaffeemaschine
> *r* Kühlschrank　　*r* Laptop　　*e* Mikrowelle　　*r* Spiegel　　*r* Staubsauger
> *e* Waschmaschine　　*e* Zimmerpflanze　　*r* Wecker

1) ＿＿＿＿＿＿＿＿　　2) ＿＿＿＿＿＿＿＿　　3) ＿＿＿＿＿＿＿＿

4) ＿＿＿＿＿＿＿＿　　5) ＿＿＿＿＿＿＿＿　　6) ＿＿＿＿＿＿＿＿

7) ＿＿＿＿＿＿＿＿　　8) ＿＿＿＿＿＿＿＿　　9) ＿＿＿＿＿＿＿＿

10) ＿＿＿＿＿＿＿＿　　11) ＿＿＿＿＿＿＿＿　　12) ＿＿＿＿＿＿＿＿

13) ＿＿＿＿＿＿＿＿

2. **Übung 2** (S.11)　あなたの部屋には何がありますか？　それらはどのように配置されていますか？　見取り図を描き，そこに家具の名称を書き入れましょう。

3. **Übung 2** (S.11)　あなたの部屋をドイツ語で説明してみましょう。

Lektion 2

学部	学科	学籍番号	氏名

1. **Übung 1** (S.21) 与えられた語を使い，例にならってレストランで注文する際の会話を作り
ましょう。

Beispiel : *r* Salat / *s* Glas Rotwein

Was bekommen Sie?

Ich | hätte gern | **einen** Salat und **ein** Glas Rotwein.
    | nehme |

1) *e* Tomatensuppe / *r* Cappuccino

2) *r* Käseteller / *s* Glas Weißwein

3) *e* Bratwurst / *s* Bier

4) *s* Eis mit Sahne / *r* Kaffee

2. **Übung 4** (S.22) 19ページのメニューを使って，レストランでの会話を作りましょう。

Gast	Kellner/Kellnerin

Ich möchte gern bestellen.

Was bekommen Sie?

Und was möchten Sie trinken?

(Nach dem Essen)

Ich möchte bezahlen.

Ja, gern! Hat es Ihnen geschmeckt?

Also, Sie bezahlen ....
Das macht ....

Vielen Dank! Auf Wiedersehen!

4

Lektion 3

学部	学科	学籍番号	氏名

1. **Übung 3** (S.32) 商品の値段を尋ねてください。それに答えてください。

1)

2 Packungen

€ 1,59

2)

300 g

€ 2,99

3)

1 Pfund

€ 1,99

4)

2 Flaschen

€ 7,88

5)

1 Glas

€ 2,99

6)

3 Kilo

€ 6,67

2. **Übung 3** (S.32)　与えられた名詞と形容詞を組み合わせ，例にならって「～が欲しいのです
が」と作文してください。

~~r Salat~~	e Paprika	s Weißbrot
e Gurke	pl Äpfel	
r Blumenkohl	pl Eier	

~~klein~~	frisch	rot
französisch	grün	
groß		

Ich hätte gern _einen kleinen Salat_ .

Lektion 4

学部	学科	学籍番号	氏名

1. **Übung 3** (S.42) 例にならって会話をつくりましょう。

Beispiel : Waschpulver holen

Ich gehe jetzt. Tschüs!

Warte mal!
Fährst du in die Stadt?
Dann *hol bitte Waschpulver!*

1) Brötchen kaufen

2) die Briefe in den Postkasten werfen

3) den Müll hinaustragen

4) die Batterien ins Elektrogeschäft bringen

2. **Übung 4** (S.42) 例にならって，du と Sie に対する命令文をつくりましょう。

Beispiel : die Wäsche im Waschkeller waschen

du ➡ *Wasch bitte die Wäsche im Waschkeller!*

Sie ➡ *Waschen Sie bitte die Wäsche im Waschkeller!*

1) den Müll sortieren

du ➡ ....

Sie ➡ ....

2) im Bioladen ein|kaufen

du ➡ ....

Sie ➡ ....

3) die Treppe putzen

du ➡ ....

Sie ➡ ....

4) die Wäsche nicht im Zimmer auf|hängen

du ➡ ....

Sie ➡ ....

5) die Blumen gießen

du ➡ ....

Sie ➡ ....

Lektion 4

提出日： 月 日（ ）

学部	学科	学籍番号	氏名

3. 番外編 (S.47) クラスメートとパーティーの計画を立ててみましょう。

① どんなパーティーをしますか？ 該当するものに × を入れましょう（他にもアイデアがあれば下線部に語を入れてください）。

☐ eine Geburtstagsparty ☐ eine Abschiedsparty ☐ eine Willkommensparty

☐ eine Sommerparty ☐ eine .... party

② どんな食べ物を準備しますか？ 該当するものに × を入れましょう（他にもアイデアがあれば下線部に語を入れてください）。

☐ Nudelsuppe ☐ Eiersuppe ☐ Wurst

☐ Käse ☐ Sushirollen ☐ Schinken

☐ belegte Brote* ☐ Sandwich ☐ Brötchen

☐ Salat ☐ Kartoffelsalat ☐ Tomatensalat

☐ Obstsalat ☐ Kuchen ☐ Kekse

☐ .... ☐ .... ☐ ....

* belegte Brote オープンサンド

③ どんな飲み物を準備しますか？ 該当するものに × を入れましょう（他にもアイデアがあれば下線部に語を入れてください）。

☐ Kaffee ☐ Tee ☐ Cola

☐ Orangensaft ☐ Apfelsaft ☐ Wein

☐ Bier ☐ Soda ☐ Mineralwasser

☐ .... ☐ .... ☐ ....

④ パーティーではどんなことをしますか？ 該当するものに × を入れましょう（他にもアイデアがあれば下線部に語を入れてください）。

☐ singen ☐ tanzen ☐ Gitarre spielen

☐ zaubern* ☐ Spiele machen ☐ Bingo spielen

☐ .... ☐ .... ☐ ....

* zaubern マジックをする，手品をする

4. 番外編 (S.47) 例を参考に，**3.** で計画したパーティーの招待状を書いてみましょう。

Beispiel :

EINLADUNG
zur
Geburtstagsparty
Wir wollen
für *Oliver*

eine Party geben. Bitte kommt und feiert mit uns! Natürlich gute Laune nicht vergessen.

Zeit : am 7. Juli um 16.30 Uhr

Ort : WG in der Gärtnerstr. 31
    (3. Stock)

PS :

Zum Essen gibt es Käse, Wurst, Schinken, belegte Brote und Brat-kartoffeln.

Bitte bringt etwas zum Trinken mit.

(Mineralwasser, Kaffee und Tee haben wir.)

Lektion 5

提出日： 　月　　日（　　）

学部	学科	学籍番号	氏名

1. Teil 1 (S.50) **Fragen zum Dialog**

1) Ist Philipp Lenas Traummann?

....

2) Warum passt Marie zu Philipp?

....

3) Warum passt Ron zu Lena?

....

4) Sucht Lena einen Partner?

....

2. **Übung 1** (S.51) 発展　あなたにとっての理想のパートナーの条件を挙げてください。

Größe : ....

Gesicht : ....

Nase : ....

Mund : ....

Augen : ....

Haare : ....

Charakter : ....

3. **Übung 1** (S.51) 発展　例にならって，あなたの理想のパートナーをドイツ語で説明しましょう。

Beispiel : Meine Traumpartnerin ist ungefähr 1 Meter 65 groß. Sie hat blonde Haare, ein ovales Gesicht, große Augen, einen kleinen Mund und eine schmale Nase. Sie ist ordentlich, lustig und unsportlich.

不定冠詞＋形容詞＋名詞（4格）		
Er hat	einen	groß**en** Mund.
Sie hat	eine	lange Nase.
	ein	rund**es** Gesicht.
		kleine Augen.

....

....

....

....

....

4. **Übung 4** (S.52)　レーナは何に興味がありますか？　教科書の絵を見て答えましょう。

1) ....

2) ....

3) ....

4) ....

5) ....

6) ....

Lektion 5

学部	学科	学籍番号	氏名

5. **Übung 6** (S.52) ① クラスでインタビューをしましょう。

Wofür interessierst du dich?

Ich interessiere mich für ...

Wofür interessierst du dich nicht?

Ich interessiere mich nicht für ...

Name	☺	☹
ich		

② インタビューの結果を作文しましょう。

6. Teil 2 (S.54) **Wer sagt was?**

Lena	Oliver	Philipp

Lektion 6

提出日：　　　月　　　日（　　）

学部	学科	学籍番号	氏名

1. **Teil 1** (S.60) **Fragen zum Dialog**

1) Warum ist Yunus spät gekommen?

2) Wo war er?

3) Warum war er dort?

4) Wohin gehen Yunus und Oliver jetzt?

2. **Übung 5** (S.63) 発展 **Fragen zum Dialog**

1) Wo wohnt die Japanerin?

2) Was ist der Kameruner von Beruf?

3) Was macht der Brasilianer in Frankfurt?

4) Was möchte der Türke in Deutschland machen?

3. Teil 2 (S.64) **Wer sagt was?** テクスト中のセリフを書き込んでください。

Anna	Tomoko	Jacques

Lektion 7

学部	学科	学籍番号	氏名

1. **Übung 1** (S.71) それぞれの職の長所と短所を表にまとめましょう。

BMW Group

-Man verdient gut.

-Man muss oft Überstunden machen.

-Man hat Kontakt zu Kunden.

-Man arbeitet im Team.

-Man hat gute Karrierechancen.

Maschinenbaufirma Kühn

-Der Chef ist nett.

-Verdienst : nicht gut

-regelmäßige Arbeitszeiten

-wenig Kontakt zu Kunden

-kleine Firma

Jet-Touristikunternehmen

-liegt verkehrsgünstig
 (ca.10 Min. mit der U-Bahn)
-unregelmäßige Arbeitszeiten
-man hat Kundenkontakt
-man kann viel reisen

Firma	Vorteile ☺ +	Nachteile ☹ —
BMW Group		
Maschinenbaufirma Kühn		
Jet-Touristikunternehmen		

2. **Übung 3** (S.72) 例にならい「もし私がクリスティアンだったら，〜するだろう」と書き換えましょう。

Beispiel : Ich nehme die Stelle an.

　　　➡ *Wenn ich Christian wäre, würde ich die Stelle annehmen.*

1) Ich lehne die Stelle ab.

---

2) Ich überlege noch mal.

---

3) Ich arbeite dort bestimmt gern.

....

4) Ich suche eine andere Stelle.

....

5) Ich spreche noch mal mit meinem Freund über das Angebot.

....

3. **Übung 8** (S.75) 例にならい「〜したほうがよい」と友人にアドバイスをしましょう。

Beispiel : Ich weiß nicht, was ich zum Vorstellungsgespräch anziehen soll.

➡ *Du solltest einen Anzug tragen.*

1) Ich weiß nicht, ob ich zum Vorstellungsgespräch mit dem Auto fahren soll.

➡ ....

2) Ich weiß nicht, wie ich den Lebenslauf schreiben soll.

➡ ....

3) Ich weiß nicht, wie lange die Fahrt bis zur Maschinenbaufirma dauert.

➡ ....

4. **Übung 9** (S.75) 例にならい，それぞれのアドバイスにその理由をつけ加えましょう。

Beispiel : Man sollte viel Zeit einkalkulieren. Man kann pünktlich da sein.

➡ *Man sollte viel Zeit einkalkulieren, damit man pünktlich da sein kann.*

1) Man sollte Informationen über die Firma sammeln.

➡ ....

2) Man sollte sich selbst gut kennen.

➡ ....

3) Man sollte alle Zeugnisse schicken.

➡ ....

Lektion 8

学部	学科	学籍番号	氏名

1. **Teil 1** (S.80) **Fragen zum Dialog**

1) Wofür interessiert sich Seiko?

....

2) Wohin möchte Oliver zuerst gehen?

....

3) Was war 1848/49? Wo war das?

....

4) Was ist in der Nähe der Paulskirche?

....

5) Wo kann man etwas über die Geschichte der Juden erfahren?

....

2. **Übung 4** (S.82) それぞれの文を現在完了形に書き換えましょう。

1) Hier wohnten früher italienische Messebesucher.

➡ ....

2) Hier kam das erste deutsche Parlament zusammen.

➡ ....

3) Die Abgeordneten diskutierten über eine Verfassung.

➡ ....

4) Hier lebte Goethe.

➡ ....

5) Hier schrieb Goethe „Die Leiden des jungen Werther".

➡ ....

3. 番外編 (S.83)

① 動詞の過去形にマーキングをしましょう。

Die jüdische Gemeinde lebte seit dem 12. Jahrhundert am Dom. Juden und Christen lebten als Nachbarn nebeneinander. Aber immer wieder verfolgte man die Juden. Seit 1462 lebten die Juden in einem Getto, in der Judengasse. An Sonntagen und an Feiertagen und bei den Kaiserkrönungen schloss man sie ein. Trotz der Verfolgungen gab es viele Juden in Frankfurt, denn sie hatten eine wichtige Rolle im Wirtschaftsleben der Stadt: Sie machten die Geldgeschäfte, die für Christen verboten waren. Außerdem zahlten sie hohe Steuern und liehen oder schenkten der Stadt Geld. Reiche jüdische Bürger gaben auch Geld für die Gründung der Universität Frankfurt. Nur etwa 100 Juden überlebten die Verfolgungen der Nationalsozialisten in der Hitler-Zeit.

② テクストを現在完了形に書き換えましょう。

Lektion 8

学部	学科	学籍番号	氏名

4. Teil 2 (S.84) **Fragen zum Text**

1) Warum möchte Oliver gerne in Frankfurt arbeiten?

....

2) Warum möchte Nadine gerne in Frankfurt arbeiten?

....

3) Was kann man in Frankfurt in seiner Freizeit wohl machen?

....

4) Was sind Pendler?

....

5) Wo möchte Nadine gerne wohnen?

....

5. Übung 6 (S.85) あなたの将来の夢について作文しましょう。

Mein Traum wäre ....

Ich würde gern ....

Ich wäre gern ....

6. 番外編 (S.85)

① クラスメートに将来の夢を尋ねましょう。

	Was wäre dein Traum?	Was würdest du gerne in der Zukunft machen?
ich		

7. **Übung 9** (S.86) 例にならい，それぞれの問題について「ヨーナスが大きくなる頃には，〜だろう」と作文しましょう。

Beispiel : Die Luft in der Stadt ist schmutzig.

➡ *Wenn Jonas groß ist, wird die Luft in der Stadt sauber sein.*

1) Viele Autos fahren auf den Straßen.

   ➡

2) Kinder haben wenige Spielmöglichkeiten.

   ➡

3) Es gibt nicht so viel Grün.

   ➡

4) Wohnungen kosten viel.

   ➡

MEMO

提出日：　　　月　　　日（　　）

学部	学科	学籍番号	氏名

MEMO

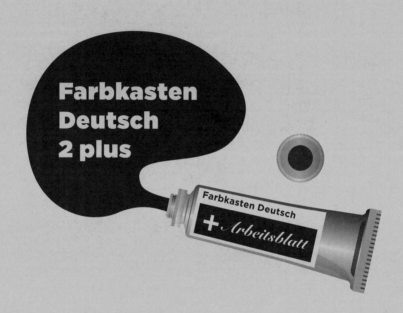